한반도의 안보위협은 무엇인가

한반도의 안보위협은 무엇인가

초판발행일 | 2017년 7월 31일

지은이 | 정병호 · 호사카유지
펴낸곳 | 도서출판 황금알
펴낸이 | 金永馥

주간 | 김영탁
편집실장 | 조경숙
인쇄제작 | 칼라박스
주소 | 03088 서울시 종로구 이화장2길 29-3, 104호(동숭동)
물류센타(직송 · 반품) | 100-272 서울시 중구 필동2가 124-6 1F
전화 | 02) 2275-9171
팩스 | 02) 2275-9172
이메일 | tibet21@hanmail.net
홈페이지 | http://goldegg21.com
출판등록 | 2003년 03월 26일 (제300-2003-230호)

ⓒ2017 정병호 · 호사카유지 & Gold Egg Publishing Company. Printed in Korea

한반도의 안보위협은 무엇인가

정병호 · 호사카유지 지음

황금알

'한반도의 안보위협은 무엇인가' 출판에 즈음하여

2017년 5월 9일 대한민국 제19대 대통령으로 문재인 씨가 당선되어 정식적인 인수위원회 절차를 거치지 않고 5월 10일 바로 대통령으로서의 업무를 시작했다. 박 전 대통령 탄핵에 따른 보궐 선거였기 때문이다.

이명박-박근혜로 이어진 9년간의 보수파 정권에 이어 진보-혁신계인 문재인 정권이 출범되었다. 그러나 대내외적 과제가 많아 문재인 정권의 앞날이 순탄치만은 않을 것으로 예상한다.

대외적으로는 중국과의 고고도 방어 미사일 시스템 사드(THAAD)를 둘러싼 갈등이 심각하고 북핵문제라는 고질적이고 복잡한 문제가 문재인 정권의 앞을 가로막고 있다.

미국과는 트럼프 행정부의 출범으로 달라진 한미동맹이나 한미 FTA 문제를 어떻게 취급해 나가느냐는 과제가 있고, 일본과는 위안부, 독도 등 역사문제와 영토에 관한 갈등을 어떻게 해소해 나가느냐는 과제가 있다.

어느 하나를 봐도 만만치 않은 문제이고 그런 것들이 산적해 있다.

이 책은 한국인들이 한국의 주변에서 일어나고 있는 문제들을 좀 더 깊게 이해하고, 한국인 자체가 대외적인 환경에 잘 대처해 나가는 데 필요한 외교안보적 교양을 가질 수 있도록 집필되었다. 끝으로 어려운 국내 출판 환경에도 이 책을 발간하는 데 헌신적인 도움을 아끼지 않은 도서출판 황금알의 김영탁 주간과 편집진에게 감사의 마음을 전한다.

독자 여러분이 이 책을 통해 새로운 시대를 이해하는 데 도움이 된다면, 더 바랄 게 없는 글쓴이들의 기쁨일 것이다.

2017. 여름

정병호, 호사카 유지

머리말

현재의 동아시아 국제정치에는 미국의 영향이 압도적으로 클 뿐만 아니라 미국의 입장과 문제의식에서 출발하는 이슈들이 많다. 또한, 최근의 동아시아 국제정치는 초강대국으로 비상하려는 중국의 영향을 받기 시작했다.

한편 분단국가로서 한국의 경우, 정책을 수립하는 사람들은 물론 국제정치학도, 일반시민들까지 이런 환경에서 생산되는 뉴스, 연구, 그리고 이론들을 한국의 입장에서 검토하여 필요한 내용들을 취사선택하는 작업을 해 왔다.

본서의 내용도 이런 견지에서 한국에 필요한 안보 관련 내용들을 취사선택했다. 국제정치의 역사에서 흔히 경제력이 급속도로 성장한 신흥국들은 자국의 경제력 상승에 맞춰 국제적인 영향력을 강화해 더 넓은 국제적 역할을 추구하게 된다. 동북아 3국인 한국, 중국, 일본이 그런 나라들이다.

제2차 세계 대전 직후 미국은 그 경제력이 세계 경제의 절반을 차지할 정도로 강해지자 그에 걸맞게 국제정치의 틀을 짜는 주도적인 역할을 담당했다. 이후 일본이 경제대국이 되어 패권국가가 되었고 현재는 경제적으로 부상한 중국이 경제성장의 자신감으로 그에 걸맞은 국제적 역할을 본격적으로 추구하기 시작했다. 이제 중국이 신흥 패권국가가 되었다. 미국과 일본은 그런 중국의 부상을 막으려는 전략을 노골적으로 내놓기 시작했다. 그리고 그들 패권싸움의 중간위치에 한반도가 존재한다.

그러므로 패권국들 사이에 낀 한국의 입장이 지정학적으로도 매우 복잡하게 되었다. 패권국들이 경제뿐만이 아니라 정치적, 군사적으로도 경쟁을 하기 시작했기 때문이다.

미국은 오바마 시대로부터 아시아태평양지역을 중시한다고 공언하면서 이른바 재균형(Re-balancing) 전략을 본격적으로 들고 나왔다. 즉, 미국이 그동안 중동이나 다른 지역에 집중했던 자원을 아시아태평양지역에 재집중하고 있다. 이 지역의 동맹국들과의 관계를 강화하면서 정치, 경제, 안보협력의 틀에 적극 참여하겠다는 전략으로 나선 것이다.

이에 맞서 중국이 아시아에서 군사적 영향력을 확대해 나가고 있고, 경제적으로도 일대일로(一帶一路) 전략으로 미국의 포위망을 뚫기 시작했다. 남중국해에서의 중국과 동남아국가들과의 갈등의 배후에는 해양영토를 둘러싼 중국과 미국의 갈등이 있다.

이처럼 현재 동아시아에서는 미국과 중국의 전략적 경쟁이 치열하게 전개되고 있다. 한국의 안보를 생각할 때 북한의 위협뿐만이 아니라 미중 간의 경쟁이 한국에 미치는 영향을 생각하지 않을 수 없는 이유가 여기에 있다.

좀 더 시선을 넓혀서 이 시대를 규정해 보자. 1991년 소련붕괴로 당시 세계는 탈냉전기에 접어들었다. 그런데 현재 세계는 새로운 시대로 돌입했다. 그 새로운 시대는 매우 복잡한 모습으로 우리 앞에 나타났다. 중동과 유럽을 중심으로 하는 난민 갈등과 영국의 EU 이탈로 시작된 유럽이 정치적으로 재편되고 있다. 트럼프 미 대통령 당선으로 본격화된 미국 내 갈등과 그가 외치는 미국 제일주의가 미치는 국제적 영향으로 세계는 통합보다 분열되는 방향으로 달리고 있는 것처럼 보인다. 중동의 혼란지역에 미국과 러시아가 개입하므로 미국·러시아의 대리전쟁 양상을 띠었고 오늘날도 테러가 빈번하게 발생하고 있다.

체제와 이념 대결의 종식으로 국제질서의 안정이 기대되었던 탈냉전기 국제질서는 냉전기와 비교하면 결코 안정적이지 않았지만, 21세기에 접어들어 냉전이 아니라 열전을 동반하는 또 다른 새로운 시대가 막을 올렸다. 새 시대는 불안정과 변화의 정도가 냉전기, 탈냉전기보다 훨씬 심해진 시대다.

탈냉전기에는 국가 간 관계는 현실적인 국가이익을 중심으로 적과 동지의 구분이 애매모호해졌다. 이런 가운데 체제와 이념을 기반으로 하던 냉전기의 국가 간 동맹관계가 구조조정 과정에 접어들었다. 특히 미국을 중심으로 한 자유민주주의 진영은 주로 경제적 상호관계에서 새로운 갈등을 겪었던 반면, 공산주의권 국가들은 공산주의라는 이념 자체를 버렸고 자본주의 시스템을 도입하면서 외형과 내용 면에서 변화를 거듭했다.

한미 간의 관계가 탈냉전 이후 빈번한 갈등의 양상을 보이는 것이나 북한과 중국 간의 관계가 균열의 조짐을 보이는 것은 동맹관계의 구조조정을 보여주는 예라 할 수 있다. 정치적으로는 아직 공산주의를 표방하는 중국에서는 사회주의 시장경제를 도입했고, 북한에서도 평양을 중심으로 자유시장이 활성화되었다. 새 시대는 이념의 대립에서 벗어나 국가의 생존을 건 경쟁의 시대가 되었다.

이 책은 현재와 같은 역사의 큰 전환기에 있어 한국의 안보위협이 무엇인가를 알아보기 위해 저술되었다. 동북아만을 봐도 한국은 미국과 일본, 그리고 중국이라는 패권국들 사이에 낀 신흥국으로서 그 생존을 위해 전력을 다해야 한다. 세계에 눈을 돌리면 유럽, 중동, 동남아, 아프리카, 중남미의 각 국가들이 한국에 직·간접적인 영향을 주기 시작했다.

탈냉전기의 미국일극시대에서 벗어나 미국 외의 많은 변수들이 세계 각지에서 새로운 중심이 되어서 움직이는 복잡한 환경 속에 분단국가 한국이 존재한다.

그러므로 우리는 우선 한국을 둘러싼 세계가 어떻게 움직이고 있는지, 그리고 새로운 시대의 현대적 시작이 어디에 있었는지를 알아야 한다. 그래야 새로운 시대의 안보위협을 정확히 이해할 수 있다. 그리고 한국을 둘러싼 안보위협을 정확히 알고 우리는 한국의 안보위협에 어떻게 대처해야 하는지를 깨달아야 한다. 본서는 그런 문제의식에 적절한 답을 제시하고 있다.

아울러 본서 제1장은 호사카 유지 제2장은 정병호가 집필했음을 알린다.

차 례

Ⅰ. 급변하는 세계정세

제1장. 새로운 시대에 대한 이해

1. 탈냉전의 종료 – 9·11 테러

우리는 현재의 복잡한 국내외적인 상황이 어떻게 마련되었는가를 정확히 이해해야 한다. 세계를 크게 변화시킨 사건은 바로 2001년 9월 11일의 9·11 테러였다.

뉴욕시간 2011년 9월 11일 오전 8시 46분 이슬람 과격파가 공중납치한 아메리칸항공 11편기가 세계무역센터 빌딩 북동에 충돌해 그대로 꽂혔고 화염에 휩싸였다. 이것이 새 시대에 대한 도화선이었다.

사건의 경위는 다음과 같다. 로스앤젤레스 국제공항행이었던 11편기에는 승객과 승무원 모두 92명이 탑승했고 그날 오전 7시 54분 보스턴로건 국제공항(Boston's Logan International Airport)을 출발했다. 그리고 이 비행기 안에서 오전 8시 14분경 범인 2명이 놀

랍게도 조종사를 살해했고 조종석을 강탈하여 비행기를 조종하기 시작했다. 오랫동안 계획한 테러였다. 이어서 테러리스트들은 오전 8시 23분 비행기의 진로를 갑자기 남쪽으로 돌렸고 8시 46분 뉴욕의 세계무역센터(World Trade Center) 110층짜리 쌍둥이 타워의 북쪽 타워 위층에 자살테러 공격으로 충돌하면서 비행기를 폭발시켰다. 사람들은 TV 화면에 비친 대참사에 비명을 질렀다.

그런데 같은 시각 공중 납치된 비행기는 4대 있었다. 테러리스트들은 동시다발 테러를 계획했던 것이다. 2001년 9월 11일 아침, 보스턴 · 덜레스 · 오하이오 주 뉴어크(Newark) 등을 떠난 4대의 여객기가 이집트 국적 모하메드 아타(Mohamed Atta)를 비롯한 아랍계 그룹에 의해 거의 동시에 납치되었다. 그들은 조종실에 침입하고 조종사를 살해하는 같은 수법으로 스스로 비행기를 조종하면서 2대는 뉴욕 맨해튼으로, 나머지 2대는 워싱턴 D.C.를 향했다. 이와 같이 9 · 11테러는 비행가 4기로 동시에 세 군데를 겨냥한 테러였다.

CNN 등 미국의 주요언론들은 무역센터의 트윈타워 북쪽 타워에 비행기 한 대가 돌입해 폭발 화염이 치솟은 즉시 특별보도 프로그램을 시작했다. 보도 프로그램이 시작된 지 얼마 되지 않아 플로리다 주 사라소타(Sarasota)의 초등학교로 향하는 차 안에서 부시(George W. Bush) 미대통령이 측근으로부터 사건을 전해 들었다. 이때는 아직 관계자들의 인식은 대규모 비행기 사고일 것이라는 정도였다.

그런데 이어서 오전 9시 3분 남쪽 타워에 이번엔 유나이티드항공 175편기가 똑같이 충돌했다. 건물에서 거대한 불길이 치솟고 그 순간 각 방송국 아나운서들이 한꺼번에 비명과 고함을 질렀다. 이렇게 두 번째 비행기가 타워에 충돌하자 각 방송사는 테러의 가능성을 강조하기 시작했다.

사태의 심각성을 알게 된 부시 대통령은 9시 30분 발 빠르게 대국민 메시지를 발표했고 방송국들은 대통령의 메시지를 내보냈다. 그런데 부시의 대 국민 메시지를 비웃듯 9시 37분 아메리칸항공 77편기가 이번엔 미 국방부 펜타곤(Pentagon)을 향해 돌진했다. 테러범들은 미 국방부를 직접 공격하는 것을 통해 미국에 선전포고한 것이다.

그 후 전 세계 사람들이 위성 생중계로 세계무역센터 빌딩이 잇따라 붕괴하는 모습을 목격해야만 했다. 이어서 미국 방송국들은 유나이티드항공 93편기가 펜실베이니아 주에 추락했다고 전했다.

네브래스카의 공군기지 등을 거치고 백악관으로 돌아온 부시는 그날 밤 20시 30분 국민들에 대한 연설을 하면서 미국의 건재함을 역설했다.

앞에서 쓴 것처럼 부시 대통령은 테러공격이 시작되었을 무렵 플로리다 주 사라소타에 있는 엠마·E·부커(Emma E. Booker) 초등학교 수업을 참관하러 가는 공용차 안에 있었다. 그런데 첫 번째 트윈타워 공격 때는 아직 큰 항공사고라고 생각한 것이다.

그리고 그가 초등학교 수업을 보는 도중에 테러리스트들이 두 번째 타워 공격을 가했다. 이때 부시 대통령은 비서실장으로부터 귀엣말로 이 사건이 테러이고 '미국이 계속 공격당할 우려가 있다'는 보고를 받았다. 그러나 부시는 '쓸데없는 동요를 국민들에게 주지 않도록 해라'라고 하면서 금방 움직이지는 않았고, 초등학생들의 수업을 더 지켜보았다. 국민들이나 바로 앞에 있는 어린 초등학생들에게 동요를 주지 않으려고 배려한 훌륭한 행동이었다.

초등학생들의 책 읽기가 끝나자 부시는 아이들을 칭찬한 다음 곧바로 옆방에 가서 보좌관과 얘기를 나누었고 전화로 콘돌리자 라이스(Condoleezza Rice) 국가안보담당 보좌관(당시), 그리고 주지사에 연락을 취했다. 그 뒤 동행한 방송국 TV 카메라 앞에서 국민들에 사태의 심각성을 호소했다. 그는 그 후 전용기를 타고 루이지애나 주 박스데일 공군기지(Barksdale AFB)에 도착했고 대국민 성명문을 발표했다.

저녁때 백악관으로 귀환한 부시 대통령은 신속하게 국가비상사태를 선포했다. 그리고 그는 냉전시대에 작성된 '정부존속계획(Continuity of Government Plan)'을 약 40년 만에 처음으로 시행하라는 명령을 내렸다. '정부존속계획'은 핵전쟁의 위험이 컸던 냉전기에 미국 대통령 아이젠하워(Dwight Eisenhower)의 지시로 작성된 계획서다.

이 존속계획에 따라 당분간은 추가 테러에 대비하고 주의 병사들, 예비역들이 동원되었다. 공항 등에는 경계 태세를 갖추었고 국경을 모두 폐쇄했다. 또 연방 항공국의 명령에 따라 미국 내 민간 항공로를 폐쇄했고, 미국의 영공 내에 세계 각 나라의 민항기가 진입·통과하는 것 등이 금지되었고 영공 내를 비행 중인 민간기는 모두 가까운 공항에 강제 착륙시켰다.

이들 조치는 그 후 며칠 동안 계속되었는데 이런 조치가 취해진 지역은 미국 본토뿐만이 아니라 미국이 항공관제를 담당하는 사이판과 팔라우(Palau) 등 태평양 국가의 일부 지역과 북대서양의 일부 지역 등 광범위하게 확대되었다. 이로써 많은 외국인들이 미국 내에 발이 묶였고 많은 항공기들이 지상대기 해야 했기 때문에 세계 각 나라의 항공회사 운행이 대혼란에 빠졌다.

9·11 동시다발 테러의 희생자는 사망자를 모두 합하면 3,025명이었다. 납치된 4대의 비행기 승무원과 승객들이 246명, 미국 국방부 펜타곤에서 125명, 세계무역센터 빌딩에서 2,602명이 사망한 것이다.

세계무역센터 빌딩의 사망자에는 뉴욕시 소방국 소방관 343명, 뉴욕시 경찰 본부 경찰관 23명, 뉴욕 항만관리위원회 직원 37명 등이 포함되어 있으나 빌딩 잔해에 끼었다고 생각되는 약 1,100명의 시신은 끝내 발견되지 못했다. 형태가 남지 않을 정도로 산산조각이 된 시신들이 많았던 것으로 추측된다. 그런 사실들이 이 사건의 잔인함을 더욱 부각시켰다.

그 후 미국 정부는 일련의 조사 결과를 토대로 9·11 테러 공격이 사우디아라비아 국적의 오사마 빈 라덴(Osama bin Laden)

을 지도자로 하는 테러조직 '알카에다(Al-Qaeda)'에 의해 계획되어 실행되었다고 단정 짓고 그들이 잠복하는 아프가니스탄의 탈레반(Taliban) 정권에 인도를 요구했다.(탈레반은 무함마드 오마르〈Muhammad Omar〉가 창립한 이슬람원리주의 조직. 한때 아프가니스탄을 지배했으나 2001년 12월 연합군의 공격으로 탈레반 정권은 붕괴되었다.) 그러나 9·11 테러를 일으킨 사람들은 알카에다계라고 해도 직접 빈 라덴의 지시를 받았다는 증거가 없었고, 말하자면 '외로운 늑대'(Lone Wolf)였을 가능성이 컸다. 어떤 확실하지 않은 것들을 '사실'로 주장하면서 밖에 적을 만드는 부시 행정부의 수법이 여기서 나타나기 시작했다.

그러나 탈레반 측은 '증거가 있으면 넘겨주겠지만 아직 빈 라덴의 소행으로 단정할 수 없다'라고 하여 빈 라덴 인도를 거부했다. 이에 미국 측은 아프가니스탄의 탈레반 정권을 공격하기 시작했다. 미국은 이슬람원리주의 세력 탈레반 정권과 빈 라덴을 제거하려는 일석이조를 노린 작전에 적극적으로 나서기 시작한 것이다. 여기서 이슬람 원리주의란, 이슬람의 교리에 엄격한 이슬람 국가를 건설하려는 사람들의 사상을 말한다. 이슬람 원리주의자들의 사상은 과격한 경향을 지닌다.

그리고 1981년 5월에 페르시아 만안의 6개 아랍 산유국들이 역내 협력을 도모하기 위해 만든 지역협력기구인 '걸프협력회의(Gulf Cooperation Council)'를 구성하는 아랍 국가들도 미국을 상대로 한 알카에다의 테러 공격을 비난하면서 미국의 아프가니스탄 공격을 지지하는 성명을 냈다. 이렇게 미국과 이슬람 과격파의 전쟁이 시작되었고 9·11 테러와 이어지는 미국의 중동 공격들이 세계를 망가지게 할 새 시대의 서막이 되었다.

2. 미국-알카에다 전쟁

미국 부시 행정부는 9·11 테러의 배후로 지목한 알카에다와 그 지도자 오사마 빈 라덴에 보복하는 것을 목표로 삼았다. 그렇게 해야 만이 9·11테러로 희생된 사람들과 그 가족들을 위로하여 상처입은 미국의 자존심을 회복시킬 수 있다고 부시 행정부는 외쳤다. 이것이 2003년 미국주도 하에 치러진 이라크 전쟁으로 이어졌고 현재의 중동과 세계의 혼란을 일으킨 중대한 요인이 되었다.

1) 알카에다의 기원

아랍어로 '알(Al)'은 정관사이고 '카에다(Qaeda)'은 '앉다'를 뜻하는 동사 '카아다(qaada)'에서 파생된 명사로 '기초', 혹은 '기지·기반·자리' 등을 뜻하는 말이다. 영어로 직역하면 'The Base'가 된다.

알카에다의 전신은 미국중앙정보국(CIA)과 파키스탄 군통합 정보국(ISI), 사우디아라비아 종합정보국(GIP) 등이 만든 '이슬람 의용병조직'이었다. 1979년 소련이 아프가니스탄을 침공하기 시작했을 때 이에 맞서 미국이 중심이 되어서 '돌풍작전(Operation Cyclone)' 이라는 이름으로 이슬람 의용병(무쟈히딘 : mujāhidīn)을 훈련·육성 하고 무장시켰는데 그 조직이 알카에다의 전신이 되었다. 말하자 면 미국이 만든 조직이 커서 미국을 테러 공격하는 조직이 되고 말 았다는 아이로니컬한 얘기다.

1984년 아프가니스탄에서 아랍인 이슬람의용병을 이론적으로 지도해 온 무슬림형제단의 지도자 '압둘라·앗자무(Abdullah Yusuf Azzam)'가 자신의 제자 '오사마 빈 라덴'을 파키스탄에 불렀다. 무 슬림 형제단이란 이슬람주의 온건파 세력인데 이슬람 교리를 적용 할 국가건설을 목표로 하여 1928년 이집트에서 결성된 단체다. 오 사마 빈 라덴과 압둘라·앗자무는 파키스탄에서 아랍권으로부터 아프가니스탄에 지원병을 보내는 조직 '막타브 알 히다마토(Maktab al-Khidamat : MAK)'를 결성했다. 이에 호응하면서 약 35,000명의 이슬람 의용병들이 세계 각지에서 아프가니스탄에 집결했다.

MAK는 아프가니스탄 여러 곳에 군사훈련 캠프를 만들었고 게 릴라전을 중심으로 하면서 소련군과 싸웠다. 사우디아라비아의 부 잣집 출신의 빈 라덴은 CIA 사우디아라비아 종합정보청과 함께 MAK의 운영자금과 이슬람의용병들이 소련과 싸울 때의 자금을 마련해주는 역할을 맡았다. 바로 후에 미국과 싸운 빈 라덴은 원래 소련과 싸울 목적으로 미국과 협력한 이슬람 의용병이었던 것이다.

2) 미국에 의한 빈 라덴 살해

소련의 브레즈네프 서기장은 아프간의 아민 정권이 소련계 공산주의자 제거를 기도했기 때문에 이에 맞서 아프간을 침공했으나 실패해 1989년 소련군은 아프간에서 철수했다. 그 후 이슬람 의용병들이 투쟁의 무대를 이스라엘이나 카슈미르, 코소보, 알제리 등 세계 각지의 분쟁지역에 확대하려고 계획했다. 그 결과 그들이 중심이 되어 1988년 이슬람 과격파 조직 '알카에다'가 결성된 것이다. 알카에다는 의용병들의 조직이니까 IS처럼 이슬람 국가를 건설하겠다고 주장하는 것이 아니라 게릴라 작전으로 이슬람 세력을 지키겠다는 사상을 갖고 있을 뿐이다.

이 때 경제적 측면의 실력자였던 빈 라덴이 세계 각지에서 테러작전을 수행하는 노선을 주장했고 당시의 지도자 압둘라·앗자무와 대립했다. 압둘라·앗자무는 세계 각지가 아니라 아프가니스탄의 내전에 개입하여 아프간 내에서 세력을 확대하겠다는 생각을 갖고 있었다.

그런데 1989년 압둘라·앗자무는 누군가에게 폭살 당했고 그로인해 이슬람 의용병 훈련제도 MAK 체제가 붕괴되어 버렸다. 그의 사망으로 인한 조직 붕괴로 알카에다 멤버들은 빈 라덴 산하에 들어가게 되었다. 이렇게 하여 빈 라덴은 아프간을 소련으로부터 수호한 아랍의 영웅이 되어서 사우디아라비아에 귀국했다.

그런데 1991년 이라크가 쿠웨이트를 침공하여 걸프 전쟁(Gulf

War)이 시작되었다. 쿠웨이트가 접한 '페르시아 만(Persian Gulf)'의 '만(Gulf)'자를 따서 걸프 전쟁이라는 이름이 붙여졌다. 이때 당시 사우디아라비아에 머물고 있던 빈 라덴이 이슬람 의용병들을 활용하여 이라크군의 공격을 막는 작전계획을 사우디 정부에 제안했다. 그러나 사우디 국왕은 그들의 제안을 거절했다. 당시 사우디아라비아는 미국과 협상하여 미군으로 이라크군의 공격을 막아내는 작전에 거금을 투입했기 때문이었다.

이슬람교의 2대 성지인 메카와 메디나를 영유하는 이슬람교 수니파의 종주국 사우디아라비아가 미군을 상주시키는 데 합의를 했다고 알게 되자 이슬람 의용병들은 강한 불쾌감과 반미감정을 갖게 되었다. 이교도인 미국의 아버지 부시의 압력에 굴복해 미군을 주둔시킨 사우디 국왕의 결정에 세계가 깜짝 놀랐다. 이 결정에 빈 라덴과 알카에다의 자존심이 크게 상처받은 것이다. 이 무렵 빈 라덴은 크게 반미사상에 기울여져 갔다. 그는 이집트 남쪽에 위치한 수단(Sudan)에 거처를 옮겼고 1996년에 아프가니스탄으로 다시 거점을 옮겼다.

앞에서 말한 바와 같이 알카에다를 자칭하는 사람들이 2001년 9월 11일 미국 동시다발 테러를 일으켰다. 이에 다음 달 10월 미국을 중심으로 한 자발적 연합 국가들이 알카에다 소탕 작전을 시작했고 탈레반 정권에 군사공격을 가하면서 아프간은 전쟁에 돌입했다. 이때 미국과 자발적 연합군이 테러단체를 소탕하는 작전을 '항구적 자유작전(OEF: Operation Enduring Freedom)'으로 불렀다.

자발적 연합군의 공격을 못 이겨 2001년 12월 탈레반 정권이 붕괴되고 말았고 아프간에서는 '하미드 카르자이(Hāmid Karzai)'가 이끄는 잠정정권이 출범했다. 아프간 내의 알카에다도 크게 타격을 받았고 이후 알카에다는 개별적인 조직으로 흩어졌다.

이후 미국은 빈 라덴을 찾아 제거하는 작전을 펼쳤다. 빈 라덴을 비롯해 알카에다 지도자들은 아프간과 파키스탄 국경지대와 파키스탄 정부의 지배가 미치지 않는 연방 직할 부족지역 주변으로 도주해 갔다. 미군은 아프간 신정부가 수립된 이후에도 빈 라덴을 체포하는 목적과 탈레반이나 알카에다의 잔당, 그리고 현지 무장세력들을 소탕한다는 명목으로 '항구적 자유작전'을 계속 수행했지만 빈 라덴은 미군의 추적을 비웃듯이 오랫동안 도피하는 데 성공했다. 빈 라덴은 10년간이나 미군의 추적을 따돌렸다. 그것은 파키스탄 정부가 그를 비호했기 때문으로 추정된다.

부시 행정부가 2009년 1월 오바마 행정부로 교체된 뒤에도 빈 라덴 수색은 계속되었다. 2010년 8월경 빈 라덴과 연락을 취한다고 추정되는 인물의 행동을 파악한 CIA는 2011년 2월 빈 라덴이 잠복하고 있는 파키스탄 내의 대저택을 찾아냈다.

그 지역은 '아봇타 바드'라는 파키스탄 육군의 거점이기도 했다. 빈 라덴의 주거는 파키스탄 육군사관학교와 매우 가까운 거리에 있어 파키스탄군 통합정보국(ISI)이 빈 라덴의 신병을 숨기는 데 어떤 역할을 한 것이 아닌가 추측된다.

그 뒤 2011년 3월 중순부터 4월 하순까지 오바마 대통령을 중심으로 한 국가안전 보장회의가 몇 차례 비공개로 열렸으며 오바마는 4월 29일 빈 라덴 살해 작전에 허가를 내렸다.

작전명은 '해신의 창 작전(Operation Neptune Spear)'이었고 작전 중 빈 라덴의 이름은 '제로니모(Jeronimo)'로 불렸다.

빈 라덴이 숨어 있던 집은 3층짜리 대저택이었고 2005년경에 완성되었다고 한다. 집은 5m 높이의 철책에 덮인 담에 둘러싸여 있고 저택에 가기 위한 통로에는 이중 게이트가 되어 있었다. 그리고 출입구에는 경비원이 상주해 있고 외부에서 내부의 모습이 쉽게 보이지 않게 설계되어 있었다.

2011년 5월 2일 미군의 작전이 개시되었다. 목적은 어디까지나 빈 라덴의 살해였고 생포는 아니었다. 미국은 빈 라덴을 생포하면 그 후에 작전을 통보하지 않았던 파키스탄과 복잡한 외교 문제가 일어날 것으로 생각한 것이다.

작전에 참여한 미해군 특수부대 네이비 실즈(Navy SEALs)를 중심으로 한 약 20명의 멤버들은 그중에서도 대테러리스트 특수부대 '데브그루(DEVGRU : 해군 특수전 개발그룹)'의 멤버들이었다.

그들은 블랙 호크 헬기와 치누크에 타고 빈 라덴과 그 가족이 있다고 추정된 건물 부지 내에 로프를 타고 내려갔다. 건물의 2층, 3층을 급습한 것은 새벽 1시쯤이었다. 약 40분의 총격전 끝에 특수부대는 저택을 제압했다. 빈 라덴은 무기를 갖고 있지 않았고 머리와 가슴에 총탄을 맞고 사망했다. 미군은 빈 라덴의 시신을 수습했다.

미국은 이 작전을 파키스탄 정부뿐만이 아니라 다른 나라들에 사전에 통보하지 않았고 종료 후에 보고했다. 그 때문에 파키스탄의 페르베즈 무샤라프 대통령은 미국에 의한 일련의 작전은 주권 침해라고 비난했다.

CNN이 미군특수부대가 빈 라덴의 은신처인 이슬라마바드 동북의 한 저택에서 그를 살해했다고 보도했다. 오바마 대통령은 CNN의 보도 직후 성명을 발표하고 빈 라덴으로 알려진 시신을 미국 당국이 회수했고 DNA 감정 결과 시신이 빈 라덴임이 판명되었음을 방송을 통해 시인했다. 빈 라덴의 살해를 목적으로 한 미국의 9·11 테러에 대한 응징이 이렇게 하여 10년만에 일단락되었다. 그러나 2003년 미국은 빈 라덴에 대한 보복을 목적으로 한 테러 소탕 작전을 이라크로 확대시켰다. 그것이 그 후에 중동을 혼란에 빠뜨려 세계사에 중대한 영향을 준 이라크 전쟁의 시작이었다.

3) 이라크에 대량살상무기는 없었다

이라크 전쟁은 미국이 중심이 되어 2003년 3월 20일부터 영국, 호주와 폴란드 등이 가세하면서 자발적인 연합으로 '이라크 자유작전'의 이름하에 이라크를 침공한 전쟁이다. 이때쯤부터 미국이 세계의 경찰국가로부터 오히려 세계를 망가뜨리는 나라가 되어 간 것이다.

이라크와 자발적 연합의 정규군끼리 전투는 2003년 5월에 벌써 종료되었고 부시 대통령이 '대규모 전투종결 선언'을 냈다. 그러나 이라크 내 치안 악화가 문제가 되어 이라크 내 전투는 계속되었다. 부시는 전쟁 후에 벌어질 대혼란을 예측하지 못했다. 이것이 걸프 전쟁에서 조기에 대승리를 거두어도 이라크의 수도 바그다드 진격 전에 전투를 끝낸 아버지 부시와의 결정적인 차이였다.

결국 2010년 8월 31일 버락 오바마 대통령이 다시 '전투 종결 선언'을 했고 그것으로 '이라크 자유 작전'의 종결이 선언되었다. 그리고 다음 날부터 미군 철수가 시작되었다. 그리고 그 후에는 이라크 단독으로 치안 유지를 위해 '새로운 새벽 작전'이 시작되었다. 2011년 12월 14일 미군의 완전 철수로 오바마 대통령이 이라크 전쟁의 최종적 종결을 공식 선언했다. 그러나 이라크 전쟁 이후 그리고 현재도 자살 폭탄 테러 공격과 이슬람국가(=IS, ISIL, ISIS)의 등장 등으로 이라크는 혼란 속에 빠져 있다.

그런데 미국이 이라크 전쟁을 일으킨 명분은 정당한 것이었을까? 2001년 9월 11일 미국에서 동시다발테러 사건이 발생했을 때 이라크 국영방송의 아나운서는 그 테러 공격을 "미국의 카우보이들이 그동안 저지른 인도(人道)에 대한 범죄가 부른 결과"라고 방송에서 잘라 말했다. 그러나 미국정부는 그 후 한 달 정도는 9 · 11 테러에 이라크정부가 관여했다는 사실은 없다는 식의 코멘트를 냈었다.

이라크에서도 10월 20일 사담 후세인(Saddam Hussein) 대통령이 9·11 테러로 희생이 된 미국시민에 조의를 표하기도 했다. 그러나 미국정부는 사건으로부터 1년 후인 2002년 9월에 9·11테러에 이라크가 관련했다고 의심할 수 있다고 공공연하게 말하기 시작했고 이라크와 알카에다를 연결시켜서 말하기 시작했다.

이에 앞서 부시 대통령이 2002년 초의 국정연설에서 이라크, 이란, 그리고 북한을 '악의 축'이라고 발언을 했고 이들이 대량살상무기를 보유하는 '악의 축'이자 테러지원국가라고 맹비난했다. 그는 특히 이라크가 대량살상무기를 확산시키는 위험이 있다고 지적하면서 이라크는 정부 관련 시설 등의 사찰을 받아들이지 않으면 안 된다고 거듭해서 요구했다.

한편 이전부터 후세인 정권과 대립해온 이스라엘 정부가 "후세인 대통령은 핵무기를 개발 중", "사담 후세인은 빈 라덴만큼이나 위험한 인물", "이라크 전쟁에 반대하는 것은 1930년대의 나치 독일에 대한 유화정책과 마찬가지"라고 주장하고 나섰다. 그런 이스라엘 정부의 주장이 바로 미국의 전쟁지지파들 주장이 되었다.

2002년 11월 8일 UN에서는 이라크에 무장해제준수를 촉구하는 UN 안전보장이사회 결의 1441이 만장일치로 채택되었다. 이에 이라크는 UN 감시검증 사찰위원회의 사찰을 받아들였고 4년 만에 전면사찰을 허용했다.

2003년 1월과 3월에 두 차례에 걸쳐서 UN 감시검증 사찰위원회와 IAEA(국제 원자력 기구:International Atomic Energy Agency)는 UN 안전보장이사회에 중간조사결과를 보고했다. UN 감시검증 사찰위원회는 이라크에 대량살상무기가 존재한다는 결정적인 증거는 발견되지 않았으나 이라크 측이 제출한 보고서에는 '많은 의문점'이 있고 '모순'이 많다고 지적했다. 화학무기를 탑재할 수 있는 미사일 14기가 행방불명이고 '알삼도2' 미사일의 사정거리가 안보리 결의 위반이며, 생물무기와 화학무기의 폐기가 확인되지 않았다 등을 지적한 것이다.

이 때문에 미국은 이라크가 안보리 결의 1441을 위반했다고 하여 이라크 공격에 관한 결의채택을 요구했으나 프랑스가 사찰시한 연장을 제의했다. 이렇게 하여 안보리 상임이사국인 프랑스와 기타 비상임이사국 6개국이 결의에 반대하면서 결의는 부결될 가능성이 컸다. 그러므로 미국과 영국은 UN 결의 없이 이라크 공격을 결정한 것이다. 부시 대통령은 UN을 철저히 무시했다. 부시에 있어서 UN이 주장하는 국제법은 미국 외에는 적용할 수 있으나 부시의 미국에는 종종 적용이 안 되는 것들에 지나지 않았던 것이다.

부시 행정부는 전쟁 개시의 이유로서 이라크가 무조건적인 사찰을 받아들이지 않았기 때문이지, 이라크 내에 대량살상무기가 존재한다는 데 있는 것이 아니었다고 주장했다. 그러나 개전 전에 부시 대통령이나 체니 부통령이 "이라크는 대량살상무기를 보유하고 있다"라고 언론을 통해 거듭 강조했다. 그들이 전쟁을 정당화한 수법은 허위에 의한 언론플레이였다. 그런데 전쟁을 시작한 후 대량살상무기를 발견하지 못함으로써 이라크 전쟁이 '명분'을 상실했다는 비판이 크게 일어났다.

2004년 6월 25일 자발적 연합군에 참가한 폴란드군은 이라크가 폐기한 화학무기를 발견했고 오히려 이라크가 국제 사회와의 약속을 지킨 것을 확인시켜 주기도 했다.

IS 내부에 들어가 취재한 독일인 저널리스트 율겐 토덴헤퍼(Jurgen Todenhofer)는 말한다.

"국제법을 위배한 침략전쟁의 막후인물들도 테러리스트가 아닌가—자신들의 병사에 대해서도. 알카에다는 서방국가 전체, 즉 미국과 유럽에서 14년간에 3,300명 이상의 사람들을 죽였다. 그러나 '핵전쟁에 반대하는 국제의사단'이 행한 최근의 연구에 의하면 아들 부시는 아프간 전쟁과 이라크 전쟁만으로도 100만 명을 훨씬 넘은 인간을 살해했다. 이것은 테러리즘이 아니겠는가? (중략) 전쟁은 부유한 자가 하는 테러이고 테러는 가난한 자가 하는 전쟁이다. 이 두 가지의 질적 차이를 나는 아직 발견한 적이 없다."[1]

미국은 이라크에 대량살상무기가 있다는 허위를 주장하면서 전쟁을 감행했다. 그 목적은 이라크정권을 친미정권으로 함으로 중동에 '민주화 도미노'를 일으키기 위해서였다고 지적되기도 하다. 그리고 중동의 민주화야말로 이라크 전쟁의 최대 목적이었을 수

1) Jurgen Todenhofer, 『Inside ISIL』(2016, 백수사, Masaki Tsumura 등 옮김), p.31.

있다. 사실, 이라크 전쟁 후에 리비아의 카다피는 대량살상무기 개발을 포기했고 나아가 '아랍의 봄'으로 불리는 중동 민주화로 이어졌다.

부시 정권 핵심부에 영향력을 가졌던 네오콘(Neocon) 그룹은 이라크 전쟁을 강력히 지지했는데 그들은 후세인이 집권하는 것이 이스라엘의 위기로 이어진다고 보았다. '네오콘'이란 신보수주의 (Neoconservatism)를 줄인 명칭이다. 네오콘은 민주주의, 나아가 자유주의의 패권을 추구하고 독재국가의 몰락을 외교정책의 목적으로 삼는 사상을 표방한다. 중동에서는 유일한 근대 민주국가인 이스라엘을 기반으로 주변의 독재국가들을 멸망시키는 것이 중동문제의 해법이라고 주장한다. 아들 부시 행정부에 영향을 미친 그룹 이스라엘 자체가 반이스라엘 노선인 사담 후세인 정권을 위협으로 보고 있었고, 이스라엘의 국민들도 이라크 전쟁을 지지했다. 그러므로 이스라엘 측 로비가 부시 정권에 이라크 전쟁을 결심하게 했다는 지적도 있다.

그 외도 이라크 전쟁의 원인으로 몇 가지 주목할 만한 얘기가 있다.

냉전 후 뚜렷한 전쟁을 겪지 못한 미국의 군수산업이 전쟁을 유발하도록 백악관에 압력을 넣었다는 얘기가 그중 하나다. 군산복합체가 전쟁으로 무기를 소비시킨다는 얘기인데 그들은 일정 주기로 과잉 생산된 무기들을 소비하지 않으면 군사 시장에서의 수급의 균형을 유지하기 어렵다는 것이다. 미국이 앞으로도 틈이 있으면 중동이나 북한을 공격할 가능성이 있다는 얘기도 이런 군산복합체의 논리에서 찾을 수 있다. 죽음의 상인들이 전쟁을 찾는 것이다.

또 이라크 전쟁은 미국이 석유이권을 쥐기 위한 전쟁이었다고 흔히 말한다. 사우디아라비아와 러시아에 이어 세계 제3위의 석유 매장량을 자랑하는 이라크의 북부유전지대를 반미주의 후세인 정권이 장악하고 있는 상황은 미국의 국제석유자본에게 바람직하지 않았었다. 그러므로 미국이 석유 이권을 탈취할 목적으로 이라크 전쟁을 감행했다고 지적된다. 미국은 수십 년 후에 예상되는 원유 고갈로 에너지 위기가 일어날 사태에 대비해 석유 이권 확보를 위해 이라크의 석유를 미국 자본과 이스라엘 자본이 독점하려고 한 것이다. 그러나 전후 이라크 석유 개발의 권리는 입찰에 의해 타국에 넘어가 버렸다.

이라크 전쟁은 개전 초기 자발적 연합군이 목표물만을 정확히 공격하는 핀포인트 폭격을 비롯한 공습과 순항 미사일에 의한 요소 파괴로 이라크군의 지휘 계통은 거의 붕괴되었다. 이렇게 조직적 저항력을 개전 후 얼마 지나지 않아서 상실한 이라크군은 각지에서 산발적으로 저항할 수밖에 없었고 자발적 연합군은 전쟁 주도권을 완전히 장악했다. 많은 사람들의 예상을 깨고 미국의 육상부대도 이라크군의 저항을 쉽게 무너뜨리고 신속히 바그다드까지 진군하는 데 성공했다.

그렇게 이라크 내에 들어간 자발적 연합군은 대량살상무기를 찾아다녔다. 그러나 이라크가 숨겨놓은 대량살상무기는 끝내 발견되지 않았고 2004년 9월 13일 파월(Colin L. Powell) 국방부 장관은 "찾지 못할 것"이라고 하면서 수색작업 포기를 공언하기에 이르렀다.

CIA가 의뢰하여 대량살상무기 조사단장을 맡은 정치학자 데이비드 케이(David Kaye)가 2004년 1월 28일 상원 군사위원회 청문회에서 "나를 포함해 모두가 틀렸다. 조사 활동이 85% 정도 끝난 현재 생물화학무기가 발견될 가능성은 없을 것"이라고 증언했다. 그해 10월에는 조사단이 "이라크에 대량살상무기는 존재하지 않는다"라고 최종보고서를 미국의회에 제출했다.

대량살상무기를 발견하지 못했기 때문에 이라크 전쟁을 지지한 동맹국들도 동요하기 시작했다. 최대의 동맹국인 영국에서는 블레어(Tony Blair) 총리가 개전 전에 "후세인 정권이 생화학무기 사용을 결정할 경우 그들은 그것을 45분 이내에 배치할 수 있다"라는 보고서를 영국의회에 제출했기 때문에 그는 "국민을 속였다"라는 비판을 면치 못해 지지율이 급락했고 임기를 남기고 조기 퇴진할 상황으로 몰렸다.

덴마크 이엥스뷰(Svend Aage Jensby) 국방부 장관도 개전 전에 "대량살상무기 문제 보고서"를 의회에 제출했고 이라크 전쟁을 지지했기 때문에 사임하지 않을 수 없었다. 그리고 폴란드의 크바시니에프스키(Aleksander Kwaśniewski) 대통령은 "미국에 속았다"라고 미국을 호명하면서 비판했고 일본의 규마 후미오(久間章生) 방위상도 "대량살상무기가 있다고 규정해 놓고 전쟁을 일으킨 것은 잘못"이었다고 지적했다.

호주의 브렌던 넬슨(Brendan Nelson) 국방장관은 "원유확보가 이라크 침공의 목적"이었다고 오히려 솔직히 말해 크게 비판을 받았다.

이라크 전쟁이 부시 정권의 사기극이었다. 사기극을 벌여서 수십만의 인명을 앗아간 사건이 이라크 전쟁이다. 그것을 정당화하는 논리는 중동국가들에 대한 차별적 관점에서만 나올 것이다. 9·11 테러에 대한 보복으로 시작된 새 시대는 아프간의 탈레반정권을 타도하여 대량살상무기 소유의 확증이 없는 이라크를 적으로 간주하여 수백 배에 달하는 살인을 허가하면서 진행되고 있었다.

아들 부시는 퇴임 직전의 인터뷰에서 "나의 정권 기간 가장 유감이었던 것은 이라크의 대량살상무기에 관한 정보활동이 실패했다는 사실"이라고 자신의 잘못을 일부 인정했다. 그러나 그는 이라크가 대량살상무기를 보유하지 않은 것을 미리 알았다면 이라크 침공을 하지 않았을 것인가, 라는 기자들의 질문에 대해서는 "흥미로운 질문"이라고만 말했을 뿐이었고 명확한 답변을 피했다. 이라크 전쟁에 찬성한 힐러리 클린턴(Hillary Clinton)은 2014년 미국의 이라크 침공은 잘못이었다고 인정했다.

4) 이라크 전쟁의 영향

이라크 전쟁자체는 미국 측의 싱거운 승리로 끝났지만 문제는 그 후였다. 소수의 병력만 사용한다는 미국 등 자발적 연합군의 전술은 이라크 침공 작전에서는 성공적이었으나 점령정책에서는 문제가 많았다. 자발적 연합군의 침공 당시 저항다운 저항을 하지 못했던 이라크군은 대규모 전투가 끝난 후 소형 무기로 저항하기 시작했기 때문이다.

자발적 연합군의 점령정책은 이런 사태를 경시하거나 예측하지 못했고 부시 대통령의 '전투 종결 선언' 후에 오히려 대량의 사망자를 내고 말았다. 억압적인 통치로부터 해방되었다고 느낀 이라크 국민들도 일부가 약탈을 범했고 박물관 전시물이나 상가 물건들이 도둑을 맞았다.

2009년 1월 부시 대통령은 대통령 기간의 마지막 기자 회견에서 자신이 감행한 대 테러전쟁을 잘못이었다고 하지는 않았다. 부시는 "미국 본토에서 추가 테러 발생을 막았다."라고 일단 자신이 주도한 대테러 전쟁을 평가했다. 그러나 "좌절을 겪었고 가능하다면 다시 하고 싶은 것도 있다."라고 하면서 문제가 있었음을 시인하기도 했다. 그는 "무엇이 국익에게 최선인지를 항상 생각하고 행동했다. 양심대로 옳다고 생각한 것을 했다."라고 하면서 미국의 국익을 위해 전쟁을 했음을 강조했다. 그러나 이런 말은 미국의 국익을 위해서라면 타국을 침략해도 되느냐는 비판을 면치 못했다.

그는 "다시 한 번 기회가 주어진다면 좀 더 다른 행동을 할 수도 있을 것이다. 내가 내린 어려운 판단 중에는 여러분들이 동의하지 못하는 것들도 있을지도 모른다. 그러나 내가 어려운 판단에서 도망치려고 하지 않았다는 데는 여러분들이 동의하기를 희망한다." 라고 말하면서 자신의 판단에 과오가 있었음을 시사하기도 했다.

그런데 부시 대통령은 마지막에 이런 말로 자신의 임기를 정당화시켰다. "미국의 안전과 번영은 해외에서 자유를 확대할 수 있느냐에 달려 있다. 미국 외에 자유주의의 대의를 주도할 수 있는 나라가 없다."

그런데 부시가 해외에서 그가 멋대로 생각하는 자유나 민주주의를 확대한 결과 미국의 안전과 번영이 지켜졌을까? 이라크 전쟁의 후유증으로 IS가 생겼고 중동이나 유럽에 테러의 폭풍이 불었다. 트럼프 대통령은 테러가 더 이상 미국에 닥치지 않도록 해외에서의 이민을 제한할 정책을 발표했다. 이것이 미국의 자유 확대인가?

부시는 2003년에 발표한 자신의 '전투종결선언'만큼은 잘못이었다고 시인했다. 결국 정식 '전투종결선언'은 그때부터 약 7년 반 후인 2010년 8월 31일 버락 오바마 대통령에 의해 다시 선언되지 않으면 안 되는 상황이 되었다.

2003년 이라크를 점령한 자발적 연합군은 수송 업무 등을 안전이 확보된 지역에 한정해서 민영화했고 이에 참여한 민간 기업들이 식량과 물품, 군사 물자 등을 수송하는 일을 했다. 그들은 이라크의 석유 개발 사업에도 참여해 이익을 챙겼다.

그러나 실제로 이라크는 아직 전투 상태였으며 수송 임무에 대한 민간 기업들은 바로 무장 세력의 표적이 되었고 총격, 폭탄 공격, 로켓포 공격, 살인, 유괴 등이 난무했다.

부시 대통령이 목표로 삼은 '중동의 민주화'는 민족자결에 어긋나는 미국의 압력에 의한 것이니 왕정이나 전제적 통치가 상식인 아랍 국가들의 불신을 오히려 증폭시켰다.

부시 대통령은 측근들과 의논하지도 않고 독단으로 이라크 전쟁을 시작했다는 증언이 있다. 일본의 저명한 저널리스트 오치아니 노부히코(落合信彦)가 이라크 전쟁의 시작을 다음과 같이 그의 정보를 총동원시켜서 서술했다.

2003년 3월 갑자기 부시는 아무에게도 의논하지 않은 채 이라크 공격을 명령했다. 군부는 깜짝 놀랐으나 대통령의 명령이어서 거역할 수 없었다. 그러나 체이니 부통령은 달랐다. 전쟁을 가장 좋아하기도 하고 깊은 전략적 지식을 갖는 자신에게 한마디도 의논하지 않고 부시가 전쟁을 시작해 버린 것은 그에게는 불만이었다. 이것은 무슨 조크일 가능성이 있다고·생각하면서 체이니는 대통령실로 들어갔다.
부시 대통령은 싱글벙글 웃고 있었다. 체이니도 미소를 지으며 의자에 앉아 말했다.
"각하의 조크도 점점 재미있어집니다."
각하라고 많이 불리지 않았던 부시는 쓴웃음을 띄우면서 말했다.
"어떤 조크인가?"

"이라크와의 전쟁 말입니다."

"그것은 조크 같은 것이 아니야. 요새 일주일간 죽 생각한 결과다. 나 자신은 대통령으로 아직 큰 업적을 남기지 못했다. 그래서 하나 정도는 역사에 남을 일을 하고 싶었던 거야."

"그 역사에 남을 일이란 무엇입니까?"

"민주주의를 중동 전체에 확대하는 일이지."

"그, 그것은 불가능합니다. 중동이 엉망진창이 됩니다."

"왜 좋은 일을 하는데 엉망진창이 되는가?"

"중동에는 아직 전제나 독재국가가 많으니까요."

"그러니까 민주주의를 심어놓고 싶은 거야. 그러기 위해서는 이 전쟁은 절대 이겨야 한다."

체이니는 잠시 생각한 후 천천히 다시 말했다.

"91년에 있었던 걸프전쟁 때 이라크는 패배했습니다. 그때 미국을 중심으로 한 다국적군은 즉각 이라크로 들어갈 수 있었지만 그렇게 하지 않았습니다. 왜 그랬는지 아십니까? 당시 각하의 아버님께서 미국의 대통령이셨습니다. 그때 사우디아라비아로 도망간 쿠웨이트 국왕이 아버님께 전화를 걸었습니다. 그는 전화로 '이라크의 바그다드를 침공하지 말아 주셨으면 합니다. 침공하면 결과적으로 사담 후세인은 체포되어 재판에 회부되지요. 그렇게 되면 사담은 이제 지배자가 아니게 됩니다. 그 후에는 자유선거를 해야 하는데 자유선거가 미칠 영향은 너무나 클 겁니다. 그 영향으로 사우디아라비아를 비롯한 걸프 만의 나라들에서는 민중들이 선거와 자유를 요구하면서 시위가 발생할 것이고 그 결과 우리의 권력이 상실해 버릴 것입니다'라고 호소했습니다."

"그랬군. 아버님께서 그때 왜 바그다드까지 침공하지 않으셨는지에 대해 몇 번이나 물어봤는데, 패배를 인정한 상대를 더는 공격하는 것은 좋지 않다고만 하셨다."[2]

위의 일화는 아들 부시 대통령이 너무 무지였다는 일화 중 하나인데 사실 이라크에 대한 무리한 민주화는 그 후 민중들을 해방하기는커녕 새로운 재앙을 중동에 불러들였다.

자발적 연합군이 구 이라크 정부 잔당을 사냥하면서 구정권 간부들의 체포가 진행되었고 2004년 7월에는 사담 후세인의 두 아들이 살해되었다. 그리고 12월에는 후세인 자체가 체포되어서 겉보기에는 사태가 수습으로 향할 듯 보였다.

그런데 이라크에서 집요한 공격이나 테러가 잇따라 자발적 연합군으로부터 많은 나라들이 속속 이탈하겠다고 선언했다. 이런 상황에서도 부시 행정부는 이라크의 치안 악화를 이유로 파병 요원들을 13만에서 15만으로 증강하겠다고 발표했다.

이후 이라크에서는 과도정부가 출범했고 2006년 4월에는 시아파계 의원연합인 '통일이라크동맹(UIA)'이 총리에 누리·마리키(Nūrī Kāmil al-Mālikī)를 세웠다. 수니파와 쿠르드족이 이를 인정하면서 연방의회가 열렸다.

이후 5월에는 정식정부가 출범했다. 그때는 후세인 정권이 붕괴한 지 3년이 지난 시점이었다. 그러나 그때까지 뿐만이 아니라 그 후에도 일반시민들을 표적으로 하는 폭탄테러나 무장 세력에 의한

---

2) 落合信彦, 『そして、アメリカは消える』(2016, 小学館), pp. 109~111.

납치, 살해, 총격 등이 잇따라 일어나면서 2006년의 이라크 국민들의 사망자는 3만 4000명 이상에 달했다. 정식정부출범 후에도 상황은 크게 바뀌지 않았다.

이런 상황에서 2006년 12월 30일 사담 후세인이 처형되었다.

그런데 미국이 감행한 이라크 전쟁의 영향이 중동과 동북아에서 현저히 나타나기 시작했다. 리비아는 2003년 12월 최고지도자 카다피가 대량살상무기 포기를 선언하면서 2006년 부시 행정부는 리비아에 대한 테러지원국 지정을 해제했다. 리비아의 행동은 이라크전쟁 이후 자국이 표적 될 우려 때문이었다. 미국은 그 대가로 과거에 이라크 이상으로 적대시했고 카다피 개인의 암살 작전까지 벌인 리비아를 테러 지원국 명단에서 제외시켰고 경제제재도 해제했다. 그러나 결국은 그것이 카다피 정권의 몰락과 그 후의 리비아 혼란사태의 서막이었다.

한편 북한에서는 당시 최고지도자였던 김정일 국방위원장이 이라크전쟁 시작 무렵부터 약 60일간 모습을 감췄다. 김정일은 그 기간 동안 자신의 보신을 위해 미국의 정밀유도무기가 어떤 것인지를 분석하고 있었던 것으로 전해진다. 이후 김정은 정권까지 북한은 카다피처럼 핵무기를 비롯한 대량살상무기를 표기해 버리면 언젠가 자신들이 민중들에 의해 몰락될 수 있다는 교훈을 배웠다. 미국의 이라크 전쟁은 북한이 핵무기와 미사일개발에 열을 올리는 결정적인 동기 부여가 되었다.

당시 중동문제로 북한까지 본격적으로는 신경 쓰기 어려웠던 부시는 중국에 북한핵문제를 맡기기로 했다. 그렇게 해서 시작된 것이 6자회담이다. 처음은 부정적이었던 중국 측에 부시가 말했다.

"북핵은 저지하지 못하면 일본이 핵무기를 개발할 것이다. 그렇다면 동북아의 세력균형이 붕괴할 것이고 중국에 대해서도 큰 위협이 될 것이다."

이런 부시의 말에 중국의 후진타오 주석이 6자회담을 수락한 것이다. 중국은 이렇게 북핵문제 해결에 대한 중재에 나섰고 이후 6자회담이 시작되었다. 6자회담으로 한때 북한이 핵무기 불능화에 합의했고 영변 핵시설 폭파와 북한의 핵개발 프로그램 신고 등이 이루어지는 성과를 올렸다.

그 결과 부시 행정부는 북한에 대한 테러 지원국 지정을 해제했다. 그러나 북한은 시간벌기를 한 것뿐이었다. 북한은 '평화주의자'로 간주한 오바마 정권이 들어선 2009년 4월14일 핵무기 개발을 재개하면서 6자회담에서 탈퇴를 선언해 버렸다.

그런데 2017년에 출범한 트럼프 행정부가 북한에 대한 강경자세를 보이기 때문에 북한은 부시 시대와 똑같이 6자회담에 응하는 흉내를 낼 가능성이 크다.

3. 중동의 혼란과 유럽

1) 아랍의 봄

'아랍의 봄(Arab Spring)'이란 2010년부터 2012년까지 아랍 세계에서 발생한 전례 없는 대규모 반정부 시위를 총칭하는 말이다. 이라크 전쟁의 영향으로 결국 중동에서 대규모 민주화 바람이 불기 시작한 것이다.

2010년 8월 오바마 대통령이 이라크전쟁 '전투종결선언'을 발표했다. 당시는 이라크 정세가 어느 정도 안정화되었기 때문이었다.

그런데 그 4개월 후인 12월 18일에 일어난 튀니지의 '재스민 혁명(Jasmine Revolution)'으로부터 민주화운동이 아랍 세계에서 일어나기 시작했다. '아랍의 봄'이라는 말 자체는 이라크 전쟁의 영향으로 2005년 전후부터 일부에서는 이미 사용되어 온 말이다. 역시 이라크 전쟁의 영향은 컸다.

튀니지에서 일어난 아랍의 봄의 발단은 다음과 같았다. 2010년 12월 17일 튀니지 중부에 있는 도시 '시디부지도'에서 실업 중이던 26세의 남성 모하메드 브아지지(Mohamed Ben Bouazizi)가 과일과 채소를 거리에서 판매하고 있었다. 그런데 그가 판매 허가를 받지 않았다며 경찰이 그의 재산인 상품을 몰수했다.

이에 절망한 브아지지는 죽음으로 항의하기 위해 휘발유를 뒤집

어써서 불을 지르고 분신자살을 기도했다. 튀니지에서는 실업률이 당시 공표된 14%보다 훨씬 높았고 청년층에 한정한다면 25~30%라는 높은 수준이었다. 그러므로 브아지지와 마찬가지로 거리에서 과일과 채소를 팔아 생계를 꾸리는 실업자들이 많았다.

이 문제가 브아지지처럼 대학 졸업 후에도 취직할 수 없는 젊은 이들을 중심으로 일자리를 얻는 권리, 발언의 자유화, 대통령 주변의 부패에 대한 처벌 등을 요구하면서 튀니지 사람들이 전국 각지에서 파업과 시위를 벌이는 계기가 되었다.

점차 시위는 전 연령층으로 확대되었고 시위대와 당국의 충돌로 사망자가 발생하는 사태가 벌어졌다. 이에 처음은 높은 실업률에 항의하는 시위를 벌였던 사람들은 부패와 인권 침해로 악명 높은 벤 알리(Zine El Abidine Ben Ali) 정권 타도로 시위의 목적이 바뀌었다. 벤 알리는 23년간이나 장기 집권을 했는데 튀니지 국민들은 벤 알리 정권을 타도해야 한다고 외치며 시위가 급속히 확대되었다.

그때까지 비밀경찰의 감시와 강력한 단속으로 반체제 움직임을 짓눌렀던 튀니지 당국도 젊은이들을 중심으로 한 SNS에 의한 정보 교환을 막지 못했고 항의시위는 특정의 정치나 종교단체에 따르지 않는 지도자 부재의 풀뿌리 저항운동으로 튀니지 전역으로 뻗어 나갔다.

2011년 1월 14일 수만 명의 민중에 내무부를 포위당한 벤 알리 대통령은 내각 총사퇴와 총선거 실시를 발표했으나 혼란을 진정시키는 데 실패했고 이날 저녁 사우디아라비아로 망명했다.

이렇게 튀니지 정권은 붕괴되었다. 이 사건은 튀니지의 국화가 재스민이라 '재스민 혁명'이라고 불린다.

'아랍의 봄'이 일어난 나라에서는 민주화 운동 다음에 테러가 늘어나거나 무정부 상태가 되어서 오히려 혼란이 더 가중되는 나라가 대부분이지만 튀니지는 '아랍의 봄'이 일어난 나라 중에서 유일하게 민주 체제로 성공적으로 이행된 나라다.

튀니지, 이집트, 리비아 등 30년 이상 독재정권이 지배한 국가들에서 잇따라 민중 시위가 일어나서 그때까지의 정권들은 타도되었다. 그런 민주화 운동에서는 처음 이슬람 원리주의나 과격파, 군부, 종교 지도자 등의 영향이 크지 않았고 순수하게 민중들의 힘으로 민주화 운동이 확산되었기 때문에 시위가 일단 수습된 후에는 어떤 식으로 정국이 움직이는지 예상되기가 어려웠다.

그런데 뚜껑을 열어 보니 2011년 10월 튀니지에서 실시된 총선거의 결과는 예상을 깨고 온건파인 무슬림 형제단의 영향을 받은 이슬람 계열 정당 '안나하다(Ennahda)'가 제1당의 지위를 얻었다.

'아랍의 봄'을 일으킨 무기는 무엇보다 SNS였다. 위성 방송이나 인터넷의 보급으로 정보는 순식간에 광범위하게 전달되는 세상이 되었다. 휴대폰, 트위터, 페이스북 등으로 항의 활동에 대한 알림 제공이나 의견, 감정 등의 표출이 쉽게 이루어졌다.

그리고 중동에서는 이슬람교 연합 예배로 합법적으로 사람들이 많이 모였고 그 예배가 정보나 사람들의 의견, 감정 등이 직접 전달 장소가 되었다. 그런 사실도 혁명에 힘을 실어주는 데 효과가 있었다.

이런 정보의 힘 외로는 정권의 탄압으로 희생된 사람들의 관이 거리를 행진했기 때문에 민주화 운동에 참가한 많은 사람들의 분노가 폭발하기도 했다. SNS를 제외하면 80년대의 한국 민주화의 모습과 많이 닮은 모습을 중동의 민주화 현장에서 찾을 수 있다. 또한 치안 부대 등의 행동이 SNS를 통해 금방 시위대 참가자들에게 경고메시지로 전달되었다는 사실은 튀니지 시민혁명 성공의 요소가 되었다.

튀니지의 재스민 혁명에 자극받아 이집트에서도 2011년 1월 25일부터 대규모 반정부 시위가 발생했다. 이에 호스니 무바락(Mohamed Hosni Mubarak) 대통령은 2월 11일에 이집트군 최고 평의회에 국가 권력을 이양하며 30년 동안 이어온 독재 정권에 종지부를 찍었다.

그 후는 이집트군 최고 평의회의가 잠정적으로 이집트를 통치했고 2012년 5월 대통령 선거를 치렀고 이슬람 형제단의 '무함마드 무르시(Mohammed Mohammed Mursi Essa el Ayyat)'가 이집트 대통령에 선출됐지만 2013년 이집트는 군사 쿠데타로 헌법이 정지되었고 대통령은 권한을 상실했다. 이집트는 아랍의 봄이 성공적이지 못했다. 민주화는 실패했고 다시 군사정권이 나라를 장악했기 때문이다.

2013년 군사 쿠데타 후 군의 최고위에 있는 알시시(Abdel Fattah Saeed Hussein Khalil El-Sisi) 국방부 장관이 대통령으로 취임했다. 그런데 이것은 '혁신'보다 '안정'을 요구하는 시민들의 목소리를 등에 업고 탄생한 정권이었다. 한국에서도 부패된 이승만 정권이 민주화 시위 4·19. 혁명으로 타도된 후에 제2공화국이 들어섰고 짧은 민주정권을 운영했으나 박정희의 군사 쿠데타로 제3, 제4 공화국은 권위주의 정권이 되었다. 민주화를 추진한 사람들의 권력이 약하면 다시 군사정권이나 권위주의 정권이 탄생되고 혹은 나라가 혼란 상태로 빠진다.

2014년에는 전 알카에다 계 이슬람 과격 조직 IS(이슬람 국가)가 시리아와 이라크의 국경을 초월하면서 대두되었고 지역 정세는 심각한 사태에 빠져들었다. 그런 상황에서 국제적인 지원을 받지 못한 '아랍의 봄'은 일부 지역을 제외하고 결국 좌절되었다.

중동과 북아프리카는 세계의 원유와 천연가스의 생산지이며 세계에서 그런 에너지 매장량의 대단히 많은 비중을 차지한다. 그리고 아랍 세계 속에서 핵보유국으로 꼽히는 이스라엘, 세계의 대동맥 수에즈 운하, 오랫동안 반미주의를 견지해 온 이란, 카다피가 오랫동안 지배했던 리비아 등을 포함한다. 몇 번 전쟁이 일어난 지역이기 때문에 정치적 상황이 매우 불안정하다.

2) 시리아 내전의 종식

'아랍의 봄'은 시리아에도 확산되었다. 시리아에서의 반정부 항의 행동은 2011년 1월 26일 일어났다. 튀니지의 청년 모하메드 브아지지가 2010년 12월 17일에 분신자살을 기도했듯이 시리아에서도 동북부에 위치한 알하사카(Al-Hasakah)에서 '하산 알리 아클레'가 분신자살을 기도한 것이다. 그는 아사드 정권에 대한 항의를 표시하려고 했다.

이 사건을 계기로 시작된 시리아에서의 아랍의 봄이 2013년에는 대규모 내전으로 빠졌다. 그 후 약 4년간에 걸쳐서 정부군과 반정부군, 그리고 미국과 러시아 등의 외부세력들이 개입하여서 심각한 내전상태에 빠진 시리아는 2016년 12월 7일 정부군이 수도 아렛포(Aleppo)를 탈환하면서 내전이 종식되었다.

12월 13일 정부군이 아렛포 전체를 완전히 제압했고 UN안보리 긴급회의는 "반정부 전투원들이 아렛포를 탈출하기 위한 합의가 이루어졌고 전투원들은 퇴거를 시작했으며 정부군도 군사행동을 정지시켰다"라고 발표했다.

12월 22일에는 시리아군 총사령부는 아렛포를 완전히 '해방'했고 치안과 안정을 회복시켰음을 선포했다.

4년에 걸친 시리아 내전의 근본원인은 종교적 계파 간 대립이었다. 시리아는 국민 의 대부분이 이슬람교 수니파에 속한다. 그러나 대통령 알 아사드(Bashar Hafez al-Assad)는 소수파인 이슬람교

시아파에 가깝다고 하는 '아라위파'에 속한다. 그러므로 시리아 내전의 근저에는 이슬람교 수니파와 시아파의 대립이 깔려 있다. 그뿐만이 아니라 아사드 정권의 인권탄압정책이 국제사회에서 비난을 받았기 때문에 미국 등 서방 자발적 연합군은 시리아의 반정부 세력을 지원했다. 그러나 러시아는 이란 등 시아파 정부와 가깝기 때문에 역시 시아파에 가까운 아사드 정부를 지원했다.

그러므로 결국 시리아 내전은 미국과 러시아의 대리전쟁이라는 성격을 띠게 되었다. 이에 IS까지 자신들의 영지를 확보하려고 내전에 끼어들어 사태는 매우 복잡해졌다.

그런데 결국 아사드의 정부군이 승리한 시리아는 배후에 있는 푸틴의 러시아가 오바마의 미국을 패배시킨 결과를 초래했다. 부시가 만들어낸 중동의 혼란을 수습하려고 한 오바마 대통령은 시리아 사태에 적극적으로 개입하기를 꺼렸다. 그 결과 미국은 패배하고 말았다. 이런 오바마의 군사정략을 강하게 비판하는 전문가들이 많다. 그리고 오바마는 시리아나 IS를 공격하지 않았던 것도 아니다. 결과적으로 어설픈 오바마의 군사정책이 중동의 혼란을 더욱 키워 버렸다.

아시드 정권은 수백만의 자국민들을 학살했다. 나치 독일의 히틀러가 유대인 600만 명을 학살했다고 비난받지만 아사드 정권은 그 이상의 인명을 살해한 학살자인 것이다.

3) 난민의 발생과 독일

시리아 내전과 IS 등장으로 발생한 난민들은 시리아 난민만으로도 400만 명을 넘는다. 그들이 EU가 난민을 받아들여 준다고 하여 유럽을 향하기 시작했다. 이것이 세계적인 문제로 부상되기 시작했다. 특히 난민들이 대규모로 독일을 향하기 시작했는데 그 계기는 독일 앙겔라 메르켈(Angela Merkel) 총리의 말이었다.

2015년 8월 메르켈은 많은 난민을 수용하겠다는 독일의 방침을 공표했다. 메르켈은 "독일은 도움이 필요한 사람을 도울 것이고 남의 존엄에 의문을 던지는 사람이나 남이 법적·인적 도움이 필요한 상황에서 그들에 대한 원조에 적극적이지 않은 사람을 허용하지 않습니다"라고 말해 대규모 난민 수용에 매우 적극적인 자세를 보였다. 그러므로 중동과 북아프리카의 많은 난민들이 독일을 향하기 시작한 것이다.

그리고 8월 하순, 메르켈정부는 시리아 난민이 독일에서 직접 난민신청을 할 수 있도록 허용했다. 그때까지 난민은 처음 입국한 나라에서만 난민신청을 할 수 있었고 그 후 다른 나라로 이동하면 안 되었다. 그런 규칙을 두블린 규약(Dublin Regulation)이라고 했으나 독일은 스스로 두블린 규약을 정지시켰다.

독일 내에서 난민·이민 수용에 반대하는 목소리도 있었지만, 메르켈 총리는 "우익의 과격파나 신나치주의자들이 난민들에 대해 혐오 감정을 드러내는 일은 정말 불쾌합니다."라고 하면서 그의 신념을 관철하는 자세를 보였다.

　기타 많은 EU 회원국들이 난민 수용에 거부반응을 보이는 가운데 독일만은 식량과 의류 등을 난민들에 제공했고 난민들이 신청이 끝날 때까지 독일에 머물 수 있게 해줬다. 메르켈은 아마도 옛 나치 독일의 만행으로 인도(人道)에 대한 죄를 저질러서 지금도 비판받는 자신의 나라 독일을 위해 이제 세계로부터 칭찬받을 나라가 되겠다고 생각했을 것이다. 그러므로 그는 역사적 인도주의정책을 앞장서서 실현하려고 많은 노력을 기울였다. 독일 정부는 2015년 9월 상순 시점에서 80만명의 난민을 받아들였고 메르켈은 필요하다면 더욱 받아들이겠다는 성명을 냈다.

　"독일이 많은 외국인에게 희망의 나라가 되는 것이 기쁩니다. 이것은 우리나라의 역사관에 있어서 매우 가치 있는 일입니다."라고 메르켈은 만족스럽게 말했다. 그는 9월에 베를린 교외에 있는 난민의 집을 방문하면서 "이분들이 자녀들을 통해 사회통합을 성사시킬 것입니다. 아이들은 독일어를 빨리 습득할 것이니까요. 그리고 많은 난민들이 독일어를 배우고 싶다고 생각해 주었으면 좋겠습니다."라고 감회 깊듯이 말했다. 메르켈은 인도주의를 실현하는 국가 독일을 어필하고 싶었을 것이고, 그 후에 시련에도 그의 이때의 신념을 칭찬하는 사람들이 많다.

　결국 독일은 2015년 약 110만 명에 달하는 난민을 수용했다. 그 난민의 대부분은 북아프리카와 중동 출신이었다.

　그러나 난민의 구세주가 된 메르켈을 곤란하게 만든 사건이 일어났다. 12월 31일부터 2016년 1월 1일에 걸쳐 독일의 라인 강변에 있는 도시 쾰른(Cologne, Köln)에서 집단 성폭행 사건이 발생했고, 독일의 많은 젊은 여성들이 피해를 당한 사건이 그것이었다. 거의 같은 시간에 사건은 독일의 함부르크와 북독일 지역, 쾰른중앙역과 쾰른대성당 앞 광장 등에서 일어났고, 아랍인과 북 아프리카인을 중심으로 한 약1,000명의 난민 출신자들이 독일 여성들에게 집단 강도·성폭행을 저지른 것이다.

이 사건과 관련해서 2016년 1월 하순 시점에서 900건 가까운 피해 신고가 접수됐고 그 중 약 400건은 성폭행 피해 신고였다.

그뿐만이 아니었다. 2월이 되어 독일에서 난민 신청한 13만 명의 행방이 알 수 없게 되었다는 것을 독일 정부가 시인하는 사건이 발생했다. 이런 상황이 발생한 후 메르켈 총리는 겉으로는 국경개방 정책을 계속 고수했지만 메르켈은 이민유입을 차단하는 쪽으로 방향을 바꾸기 시작했다.

메르켈은 3월이 되자 독일이 유입을 원하지 않는 이민은 EU의 다른 회원국들이 받아들여야 한다고 말했고 이민이 독일에 와서 난민신청을 하는 것을 허용하지 않겠다는 뜻을 밝히기에 이르렀다. 메르켈은 "이민은 그리스에서 등록한 후에 EU 회원국들에 분배되어야 합니다. 난민은 EU의 특정 국가에서 이민의 권리를 받을 권리가 없습니다."라고 하여 그가 처음 말한 내용, 바로 난민들이 독일에 가서 난민신청을 할 수 있다는 말을 철회했다. 독일이 역사적인 일을 해내고 나치독일의 역사적 오명을 완전히 씻어버리고 싶었던 메르켈 총리가 정한 조건 없는 난민 수용 정책은 이렇게 해서 사실상 좌절되었다.

그 후 메르켈은 난민 문제를 해결하기 위해 터키에 대폭적인 양보를 했으며 시리아 난민을 터키가 돌볼 수 있게 60억 유로를 터키 정부에 제공했다. 그리고 터키가 EU에 가입할 수 있도록 작업을 가속한다고 약속했다.

그런 메르켈을 비웃듯이 2016년 7월 독일 남부도시 로이틀린겐(Reutlingen)에서 시리아 난민이 독일 여성 한 사람을 살해하고 기타 2명에게 상처를 입히는 사건이 발생했다. 이런 사건들이 메르켈의 정치적 입지를 좁혀버렸다. 그러나 메르켈은 난민수용정책과 발생하는 테러리즘은 직접적인 관련이 없다고 했다.

그런데 메르켈도 경고했듯이 난민이라면 잠재적으로 범죄자들이고 그들은 대부분 이슬람교도라는 사고방식은 매우 위험하다고 하지 않을 수 없다. 왜냐하면 난민들 중 극히 일부가 범죄를 저질렀을 뿐이고 그들이 이슬람권에서 왔기 때문에 이슬람교도일 가능성이 클 뿐이다. 입장을 바꿔서 생각해 보자. 예를 들면 유럽에서 큰 재앙이 일어나 400만 명 가까운 유럽 사람들이 난민이 되어서 중동국가로 유입했다고 생각해 보자. 그들 중 몇 사람이라도 살인이나 강간 등 강력 범죄를 저지른다면 중동의 이슬람 사회는 "역시 기독교도들은 위선자들이고 믿을 수 없는 위험한 사람들"이라고 주장하면서 좋지 않은 딱지를 붙일 것이다. 항상 입장을 바꿔서 생각하면 큰 오해나 차별적인 행동을 피할 수 있게 될 것이다. 그러나 난만 문제는 영국의 EU 탈퇴로 확대되어 갔다.

4) 영국의 EU 탈퇴(브렉시트 : Brexit)

2016년 6월 23일 영국이 국민투표를 했고 그 결과 EU에서 탈퇴하기로 결정이 났다. 브렉시트(Brexit)란 영국(Britain)이 EU에서 탈퇴한다(exit)는 뜻으로 만들어진 합성어이며 이것이 세계를 흔드는 2016년의 대사건 중 하나였다.

국민투표의 내역을 보면 유권자 4천6백50만 명 중 약 72%에 해당하는 3천3백58만 명이 투표를 했고 잔류찬성표는 1천6백14만 표로 전체의 약 48.1%, 이탈찬성표는 1천7백41만 표로 전체의 약 51.9%였다. 결국 3.8% 이탈찬성표가 잔류찬성표를 웃돌았다.

이 투표결과는 예상을 벗어난 결과였고 세계가 이에 매우 놀랐고 당혹감을 감추지 못했다. 전 세계가 잔류에 찬성하는 사람들이 영국에서 다수파일 것이라 생각했기 때문이었다. 그러나 결과는 정반대였다. 사전에 여러 차례 실시된 여론조사에서는 잔류찬성이 이탈찬성보다 많았기 때문에 이탈에 찬성표를 던진 사람들도 의외의 결과에 많이 놀랐던 것이다. 사전 여론 조사에서는 솔직히 의사표시를 하지 않았거나 이탈에 찬성하는데 의사표시를 거부한 사람들이 많았다고 봐야 한다.

그리고 브렉시트와 비슷한 현상이 2016년 11월 미국대선에서도 일어났다. 사전 여론조사의 결과를 뒤집어서 '미국제일주의'를 외치는 공화당의 이단아 도널드 트럼프가 미국 대통령으로 당선된 이변이 연출되었다. 이때 일등 공신은 백인 노동자들이었다고 전해진다. 그들은 사전여론조사과정에서는 솔직한 의사표시를 숨겼던 것으로 보인다.

브렉시트에는 여러 가지 요인이 있으나 EU 내의 사람의 이동 자유화와 그 연장선상에 있는 난민수용에 대한 반발이 크게 국민투표 결과에 영향을 미쳤다고 봐야 할 것이다. 영국은 제2차 대전 이후 구 식민지국가들로부터 들어온 이민들에 영국국적을 부여해 왔다. 그러나 그뿐만이 아니라 영국은 EU에 가맹국으로서 EU의 원칙, 즉 EU 내의 사람들의 자유로운 이동을 받아들여야 했다.

그런데 문제는 EU 내의 사람들의 이동이란 각 국가 간에서 평등하게 교환되는 것이 아니라 후진국으로부터 선진국으로 이동되는 경우가 대부분이라는 데 있다. 그러니 영국으로 취업 이민으로 들어오는 다른 EU 가맹국 사람들이 많았고 그 결과 일을 빼앗겼다고 느끼는 영국 노동자들이 늘어난 것이다. 이것은 미국 내 백인 노동자들이 느낀 감정과 동일하고 미국 백인 노동자들이 트럼프 대통령을 탄생시킨 원동력이 되었다.

브렉시트는 이민이나 난민에 대한 문화적인 이질감이나 반감을 드러내면서 절대 그들을 받아들이지 않겠다고 영국인들이 드러낸 의사표시인 것이다.

브프렉시트로 EU의 구조적 문제도 클로즈업되었다. EU 각국, 특히 독일과 프랑스에서 정부각료를 지낸 사람들이 많이 EU의 각료가 되었고 그들이 현장을 무시해서 EU에서 결정된 원칙을 EU 가맹국들에 일방적으로 통보했다. 영국인들은 그런 EU 각료들의 행태에 영국의 주권이 침해당했다고 느껴왔다. EU를 탈회해도 세계 각국과 FTA를 맺으면 문제없다는 의견도 집요하게 제기되었고 EU대신 영연방 국가들과 더욱 강한 유대관계를 가지면 된다는 의견도 제기되었다.

브렉시트라는 결과는 유럽 각국의 국민들과 극우정당들을 자극했고 제2, 제3의 브렉시트가 일어날 가능성이 커졌다. 그리고 영국 내에서도 62%가 잔류찬성이었던 스코틀랜드(Scotland)에서 그동안 영국으로부터의 독립을 주장해 온 스코틀랜드 자치정부의 니콜라 스터젼(Nicola Sturgeon) 수상이 스코틀랜드가 영국으로부터 독립할 수 있게 하자는 주장을 강화시켰다. 55.8%가 잔류에 찬성한 북아일랜드에서도 영국으로부터의 이탈과 아일랜드 통일을 결정하는 주민투표를 실시하자는 목소리가 높아졌다.

EU로부터의 이탈찬성표가 많았던 웨일즈(Wales)는 영국의 중심 도시 런던이 있는 잉그랜드(England)의 서쪽에 위치한다. 그런데 웰즈에서는 영국으로부터 독립하자는 기운이 움직이기 시작했다. 현재 영국은 잉그랜드, 웰즈, 스코틀랜드, 북아일랜드라는 4개 지역의 연합국이다. 이 네 개 지역이 약 300년에 걸친 느슨한 통일을 유지해서 영국이 존재해 왔다. 그러나 브렉시트를 계기로 영국 자체가 분열할 조짐을 보이고 있는 것이다.

4. 알아야 할 이슬람 세계

새로운 시대는 9 · 11 테러에 대한 보복으로 미국이 중심이 되어 감행된 아프간 전쟁과 이라크 전쟁으로 시작되었다. 새로운 시대의 특징은 잦은 테러로 인한 기존 질서 파괴와 강대국들의 자국중심주의, 통합으로부터 분열로 가는 세계 등으로 규정할 수 있다. 이 새로운 시대를 정확히 알기 위해 우리가 염두에 둬야 하는 이슬람에 관한 기본적 개념을 확인해 보자.

1) 이슬람교의 시아파와 수니파

중동과 유럽을 주된 무대로 일어나는 자살폭탄 테러는 이슬람 과격파에 의한 것들이다. 그러나 이슬람교의 과격파와 정통 이슬람교를 엄격히 구별해야 한다. 우선 우리는 정통 이슬람교 내의 2대 종파에 대해 알아야 한다.

이슬람교에는 크게 시아파와 수니파라는 두 가지 종파로 나누어진다. 이들이 이슬람교 내에서 서로 자신들이야말로 정통파라고 주장하면서 대립관계에 있다. 그러면 시아파와 수니파에는 어떤 차이가 있는가?

먼저 시아파는 이슬람교 창시자 무함마드의 사촌 알리(Alī ibn Abī Tālib)의 직계를 무함마드의 정식 후계자로 보는 종파다. 알리는 무함마드가 이슬람교 포교를 시작했을 때 맨 먼저 무함마드의 가르침을 받아들인 사람들 중 한 사람이었다. 알리는 후에 무함마드의 양자가 되었고 무함마드의 딸인 파티마(Fātima al-Zuhrā)와 결혼했다. 그러므로 알리의 혈통은 무함마드의 혈통이 된다.

그리고 알리는 무함마드 사후에 4명 나왔던 정통 칼리프(Caliph) 중 마지막 네 번째 칼리프다. 칼리프란 이슬람교 창시자 무함마드의 '대리자'라는 뜻이다. 시아파에서는 알리를 제4대 정통칼리프로 간주하지만 그것보다 초대 이맘(imām)으로 숭배한다. 이맘이란 시아파의 구세주적 지도자를 뜻한다.

시아파는 총 이슬람교 인구 중 10%~20% 정도를 차지하고 있고 이슬람교의 소수파다. 국가로서는 이란이 대표적인 시아파 국가이고 이라크는 사담 후세인이 수니파였으나 국민의 2/3 이상이 시아파다.

그리고 시아파 중 최대의 종파가 '12 이맘파'다. 12 이맘파는 초대 이맘 알리부터 12대 이맘까지 이맘들이 모두 창시자 무함마드의 혈통이라는 특징이 있고 마지막 12대 이맘이 모습을 '감췄다'고 주장한다. 모습을 감춘 이맘은 죽은 것이 아니라 그냥 '숨어 있다'고 그들은 믿고 있다. 그리고 '숨어있는 이맘'은 최후의 심판날에 재림한다고 믿는다. 시아파는 이렇게 재림신앙과 결부되어서 신비주의적인 경향을 갖는다.

이런 '12 이맘파'뿐만이 아니라 시아파에 속하는 여러 종파들은 대부분 '숨어 있는 이맘'이 최후의 심판의 날에 재림한다고 믿고 있는데 누가 숨어 있는가에 대해서는 종파마다 견해가 다르다.

이에 비해 수니파는 전 세계의 이슬람교 인구의 80~90%를 차지하는 이슬람교의 최대 종파다. 수니파는 신비주의적인 면이 없고 무함마드의 말씀을 적은 성전 '코란'의 가르침을 신도들에게 지도할 수 있는 사람이라면 누구나 이슬람 세계의 지도자인 칼리프가 될 수 있다고 주장한다. 수니파는 하루에 다섯 번 성지 메카(Mecca)를 향해 경배를 올려 예배를 진행한다. 한편 시아파는 하루에 세 번만 예배를 진행한다.

수니파의 종주국은 사우디아라비아다. 사우디아라비아는 창시자 무함마드가 탄생한 메디나(Medina)와 그가 이슬람교의 기반을 만든 메카라는 2대 성지를 갖고 있으며 수니파 중 와하브(Wahhab)파에 속한다.

원래 와하브라는 말은 이슬람교의 종교개혁 운동 와하브주의에서 유래되는 말이다. 와하브주의란 18세기의 이슬람교 종교개혁자 무하마드 빈 압둘 와하브(Muhammad ibn Abd al-Wahhab)의 주장을 바탕으로 하고 있고 흔히 '이슬람 원리주의'로 알려져 있다. 특히 와하브주의는 사우디아라비아 건국의 기초가 되었다. 와하브주의는 코란과 예언자 무함마드의 수나(Sunnah), 즉 관행에만 입각해야 한다는 엄격한 복고주의 사상이다.

와하브는 이슬람교 본래의 가르침에 복귀함으로 인해서 이슬람교를 청화시켜야 한다고 호소했다. 여기서 말하는 이슬람교 본래의 가르침이란 창시자 무함마드가 직접 가르친 사람들로부터 3세대까지 이해되어 있었던 가르침을 뜻한다.

18세기 중엽 사우드(Saud)가의 이븐 사우드(Muhammad bin Saud)가 와하브의 종교 운동을 지지하여 지원한 이래 와하브 운동은 제1차 사우디 왕국(First Saudi State)을 아라비아 반도에 세웠다.

그러나 제1차 사우디 왕국은 오스만 제국과의 전쟁으로 멸망했고 이후 1824년부터 1891년까지 사우드가문이 제2차 사우디 왕국을 리야드(Riyadh)를 중심으로 다시 세웠다. 그런 왕국재건의 힘은 이슬람원리주의를 실현하려는 와하브운동에 있었다. 리야드는 현재 사우디아라비아의 수도다. 그런데 제2차 사우디 왕국도 망했고 이후 살아남은 왕자가 1931년에 다시 왕국을 재건해 국왕으로 즉위했다. 이것이 현재의 사우디아라비아다.

2) 사우디와 이란의 대립

세계에서는 수니파의 대표국가를 사우디아라비아로, 시아파의 대표국가를 이란으로 본다. 그런데 이란은 반미색이 짙은 국가이지만 사우디는 친미국가다. 1990년 이라크가 이웃 나라 쿠웨이트를 침략했을 때 사우디는 국토방위를 위해 미군 주둔을 허용했다. 성지 메카가 있는 사우디에 이교도의 군대가 주둔한 것에 대해 경건한 이슬람교도들이 반발했고 9·11 테러를 일으킨 오사마 빈 라덴이 반미 테러를 본격화하는 원인이 되었다.

사우디는 시아파 이란과는 적대 관계에 있다. 2016년 1월 사우디가 시아파의 유력 지도자를 처형한 것을 계기로 이란과의 관계는 급속히 악화되었다. 그 후에 이란의 수도 테헤란에 있는 사우디아라비아 대사관이 습격당한 사건이 일어나 이 사건을 계기로 사우디는 이란과의 국교를 단절했다. 이에 바레인, 수단도 이어서 이란과의 국교 단절을 결정했다. 이런 식으로 이슬람권 내에서 사우디와 이란의 대립은 수니파와 시아파의 대립으로 번지는 경향이 있다.

사우디는 시아파에 속하는 알라위파의 시리아 아사드 정권과도 적대관계에 있다. 그리고 이란과 시리아의 동맹국인 러시아와의 관계도 좋지 않다. 원래의 숙적 이스라엘과는 양국이 미국과 동맹관계에 있기 때문에 서로 조용하게 평화를 지키고 있다. 이런 식으로 사우디와 이란 대립의 배후에는 미국과 러시아가 있다.

2015년 오바마 정권이 이란과의 핵합의를 이루어내면서 양국은 오랜 적대관계를 종식시켰고 양국의 외교관계를 정상화시켰다. 그런데 2017년 미국에서 트럼프 대통령이 취임하자 1월 31일 이란은 UN 결의를 어겨서 탄도미사일 발사실험을 감행했다.

미국은 "이란의 행동은 중동과 그 주변 지역의 안전과 번영, 그리고 안정을 해치고 미국인의 생명을 위태롭게 한다."라고 비난했다. 트럼프 대통령은 오바마 정권과 이란이 확인한 핵개발을 둘러싼 합의를 파기할 의향을 표명했다. 중동에서 수니파와 시아파의 대립, 그 대표국가인 사우디와 이란의 대립, 이에 더해 그 배후에 있는 미국과 러시아가 어떻게 움직이는지 주시해야 할 상황인 것이다.

3) IS(ISIL, ISIS)

(1) IS란 무엇인가

ISIL(Islamic State in Iraq and the Levant)는 IS(Islamic State:이슬람 국가)라 자칭하고 이라크와 시리아에 걸쳐서 활동하는 이슬람 과격파 조직이다. ISIL, 이슬람 국가, ISIS(Islamic State in Iraq and Syria), 다위슈 등 여러 명칭으로 불린다.

또 IS는 '아부 바크르 알바그다디'의 지휘 아래 이슬람 국가 수립 운동을 벌이는 알카에다 계 이슬람 과격파 조직이다. 그러나 현재는 알카에다와 절연 상태가 되었다. IS는 한때 이라크와 시리아 양국의 국경 부근을 중심으로 양국의 상당 부분을 무력점령했고 2014년 6월 29일 ISIL에서 이슬람국가(IS)로 개명하면서 국가수립을 선언했다. 이때 IS는 최고지도자인 '아부 바크르 알바그다디'를 칼리프로 추대했다. 그러나 외교 관계의 상대로 국가의 승인을 실시한 국가는 없다.

IS는 다음 세대를 내다보고 국가모델을 구축했다. 예를 들어 시리아 북동부의 사막평원에 있는 마음에서는 전기·수도의 공급, 은행·학교·법원 등뿐만이 아니라 예배소, 빵집에 이르기까지 IS가 한때 운영하고 있었다.

IS의 특징으로서 인터넷과 SNS, 동영상 공유 사이트 등을 이용하면서 교묘한 심리전 전략을 쓰고 이라크·이란 주변 지역뿐만 아니라 멀리 떨어진 세계 각지에서도 젊은이들을 다수 군인으로 영입한 것을 들 수 있다.

자발적 국가연합군에 의한 극심한 공습에도 불구하고 세력 확대를 계속했고 2015년 5월에는 한때 시리아의 절반을 제압했을 정도였다. IS가 한때 통치한 지역의 최대면적은 2015년 6월 시점에서는 일본의 국토면적보다 약간 작은 약 30만㎢ 되었지만 2015년 12월에는 지배지가 축소되면서 그 면적이 약 7만 8,000㎢가 되는 등 기세가 꺾이고 있다.

IS의 사상은 '사라피 주의'라 불리며 사우디아라비아 등의 '와하브파'와 거의 같다. 바로 "무함마드 사후 3세대(혹은 300년) 간의 세상의 상태가 이상적"이라고 보는 복고주의적 사상이다. 그래서 IS는 이슬람교 종파로서는 수니파에 속한다고 할 수 있다.

IS가 주장하는 '사라피 주의'의 다른 특징으로는 "알라만을 믿어야 한다"라는 관점에서 이슬람의 다른 종파가 만든 성자 묘나 숭배대상이 된 수목 등을 우상으로 간주하여 파괴하는 것이다.

이슬람적인 '권선징악(勸善懲惡)'을 중시하는 사우디아라비아처럼 종교 경찰을 두고 하루 5차례의 예배시간을 가져야 하고 그것을 지키지 않는 사람을 처벌한다. 혹은 '코란'과 또 하나의 경전인 '하디스'에 적힌 형벌인 '핫드 형'을 사우디아라비아와 똑같이 도입하고 '절도를 하면 왼쪽 손목을 절단한다.' '간통을 저지르면 돌을 맞아야 한다.' 등의 형벌을 실제로 실행하고 있다.

(2) 사이크스 · 피코 협정

우리는 IS 같은 이슬람 과격파 세력이 계속 나타나는 근현재적인 요인을 좀더 알아야 한다. 그것을 위해 제1차세계대전 시로 거슬러 올라가야 한다.

제1차세계대전 중인 1916년 영국은 프랑스, 그리고 러시아와 함께 오스만제국의 영토를 아랍인, 쿠르드족 등 현지 주민들의 뜻을 무시하고 자신들의 세력권을 결정하는 비밀협약 '사이크스 · 피코 협정'을 체결했다. 그 후 3개국은 그 협정에 수정을 가하면서 멋대로 국경선을 그었다.

오스만제국의 영토에서 제1차 대전 후 서구열강들의 식민지가 된 지역은 그 후에 독립했으나 시리아, 레바논, 이라크, 요르단 등과 같은 국가로 강제적으로 분할되었다. 이렇게 서구열강들이 아랍인들에게 알리지 않고 비밀협정에 의해 국경선을 긋고 만든 국가의 틀을 '사이크스 · 피코 체제'로 부른다. IS는 목표의 하나로 사이크스 · 피코 체제 타파를 내걸고 있다. '강요당한 국경'을 지운다는 것이다.

IS는 이라크나 시리아 등 중동국가들이 사이크스 · 피코 협정으로 대표되는 유럽 국가들에 의해 만들어진 '사이크스 · 피코 체제'를 부인하고 무력에 의한 이슬람 세계의 통일을 지향하고 있다.

2014년 IS는 '5년 후에 점거할 영토플랜'을 발표했으나 이들이 밝힌 영토는 스페인에서 아프리카 북부, 중동을 거쳐서 인도와 중국까지 이르렀으며 역대 이슬람 왕조의 영토와 일치한다. 그리고 그것은 현재의 국경과는 다르다.

2014년 7월 최고지도자 '아부 바크르 알바그다디'는 연설을 통해 IS는 장기적으로는 로마를 침공할 것이라고 주장했다.

(3) IS의 병력

IS는 시리아인 등 현지 사람들만으로 그 조직이 구성된 것이 아니라, 외국인 전투원도 수시 모집하고 있으며, 병사 약 31,000명 중 거의 절반인 16,000명이 외국인 용병들이다. 외국인 전투원은 아랍 국가나 유럽·중국 위구르 자치구 등에서 참여한다.

2014년 11월 튀니지에서 약 3,000명, 사우디아라비아에서는 약 2,500명이 전투원으로 IS에 참가했다. 유럽 각국에서는 IS를 비롯한 이슬람 과격파에 가담한 전투원들이 귀국 후 자국 내에서 테러를 일으킬 가능성을 우려하고 있다.

영국의 카멜론 수상(당시)은 2014년 8월 영국 국적인 IS 전투원은 적어도 500명에 이른다고 언급했고 국외에서 테러 행위에 연루된 혐의가 있는 영국 국민들의 출입국을 억제하겠다고 밝혔다.

2014년 8월 메르켈 독일 총리에 따르면 IS 요원은 약 2만명으로 그녀는 그 중 유럽 출신이 약 2,000명을 차지한다고 밝혔다. 독일에서는 400명 이상의 젊은이들이 IS 전투원이 되었고 이들 중 100명 정도가 독일에 귀국했다. 그러므로 2014년 독일의 내무장관은

IS를 지원하는 모든 활동을 금지할 방침을 발표했다. 한편 미국 국방부는 약 10명의 미국인이 IS에 참여했다고 발표했다. 일본에서도 몇 명, 한국에서도 김군으로 알려진 청년 한 명이 '핫산'이라는 이름의 인도인을 통해 IS에 참가했다. 그 후 한국인 김군은 안타깝게도 사망한 것으로 알려졌다.

비 이슬람교 국가 중에서는 러시아에서 가장 많은 전투원들이 IS에 들어갔고 러시아 출신 전투원 숫자는 약 800명이라고 한다.

그런데 일본의 주간지 『주간 신초』 2015년 2월 5일자 특집기사 '이슬람국가 대전'에 따르면 IS의 선전과 이슬람 과격사상에 심취하려 IS에 참여했지만, 그들의 현실에 염증을 느끼고 있는 병사들이 많다고 한다. 한 프랑스인 병사는 이슬람의 가르침에 입각한 생활을 할 수 있다고 생각해서 참가했지만 식사는 하루 1~2번으로 얇은 빵과 치즈, 양고기만으로 참아야 했다고 한다. 그리고 그들은 유럽에 있었을 때보다 많은 월급을 약속받고 참여했는데 월급은 점점 나오지 않게 되었다고 한다.

그들은 정의 때문에 싸웠다고 생각했는데 반복되는 살육에 자신들은 단순한 테러리스트에 불과하다고 깨달았다고 한다. 그리고 2015년 1월 금지되어 있는 축구 관전을 한 소년병사들 13명이 총살되었다. 이 사건을 계기로 자신들의 삶에 의문을 갖게 된 외국인 병사들이 많아지고 있다고 한다. 그러나 자국에 돌아가도 테러리스트로 체포될 것이 확실하므로 귀국할 수 없는 사람이 대부분이다.

그리고 IS 부대에서의 승진의 기준은 '많은 사람을 죽이는 것'이며, 그 대상은 민간인이든 여성이든 아이든 상관이 없고 IS의 이념에 찬성하지 않는 자들이면 된다고 제도화시켰다고 한다. 하급 병사가 승진하려면 '우선 10명을 살해'하는 것이 조건이다. 9명을 살해했지만 10명째를 달성하지 못하고 있던 한 병사는 자신의 아내를 살해해서 목적을 달성했다고 한다. 이렇게 해서 인간이라기보다 짐승만도 못하는 존재로 전락해 버린 병사들도 있다.

그런데 시아파인 이라크와 이란, 그리고 대통령이 시아파 계열인 시리아의 약화를 노린 사우디아라비아 종합 정보국이 뒤에서 같은 수니파 계열인 IS에 자금을 제공했다는 정보가 있었다. 그러므로 이란과 주 시리아 요르단 대사, 일부 언론인, 학자들이 사우디아라비아의 왕족이 알카에다, IS 등 과격파들의 숨은 지도자라고 주장했다. 그러나 2014년 이후 사우디아라비아도 IS를 비난하게 되었다.

이라크 전쟁의 결과 사형된 사담 후세인의 옛 부하들이 IS에 다수 참여했다. IS를 과격한 조직으로 만든 원인으로 부시의 무리한 이라크전쟁 감행을 들 수 있다.

제2장. 한국을 둘러싼 동북아정세

1. 한일관계 – 한일군사정보협정의 본질

2016년 10월 한국에서 소위 '최순실 게이트'가 터진 혼란 속에서 한국 정부는 한일 군사정보보호협정을 서둘러 체결했다. 먼저 한일 군사정보보호협정의 본질은 무엇인지 알아보자.

한국과 일본이 2016년 11월 23일 '군사정보보호협정(GSOMIA)'을 체결했다. 이때 많이 나온 야권 측의 비판은 이렇게 중요한 협정을 국민들 대부분이 그 내용을 모르는 상황에서 너무 빨리 체결해 버렸다는 데 있었다. 그리고 '최순실 게이트'로 정부 지도체제가 사실상 부재이므로 한국 정부가 앞으로 일어날 사태에 대한 책임을 질 수 있는지 의문이라고 야권이 비판했다. 그러나 한국 정부나 여권 측은 GSOMIA는 북한정보를 얻을 수 있기 때문에 필요하다는 주장만을 되풀이했다.

그러면 이 협정의 잘 알려지지 않은 점이 무엇인지 알아보기로 하자.

먼저 이웃 나라 일본은 미국과 2007년이 되어서야 겨우 GSOMIA를 체결했다. 미일 간에서 미일안보조약이 체결된 것은 1952년이었고 그때부터 미일동맹은 군사동맹이었는데도 일본은 계속 미국 측 요청, 즉 GSOMIA를 맺자는 요청을 거절했었다.

이유는 다른 법률로도 충분히 군사정보까지 교환할 수 있다는 데 있었고, 그것보다는 일본 내의 모든 군사정보를 미국에 보여주고 싶지 않았다는 데 진짜 이유가 있었던 것이다. 그리고 GSOMIA란 사실상 미국 측 정보를 보호한다는 성격이 강하고 특히 군사기술이 쉽게 상대국에 노출되지 않도록 하는데 GSOMIA의 목적 중 하나가 있다.

일본이 2007년까지 미일 간의 GSOMIA 체결에 반대한 이유는 미국의 기술정보를 협정으로 보호하게 되면 일본 내에서 그와 유사한 기술이 완성될 때 미국이 일본 내에서 완성된 기술을 미국의 기술을 훔친 것이라고 클레임할 우려가 있었기 때문이다.

그러므로 미국과 GSOMIA를 맺으면 자국의 기술발전이 늦어진다고 생각한 일본 국회의원들이 미일 GSOMIA 체결에 강하게 반대했다. 군사기술이 모든 과학기술의 원천기술이 되기 때문이었다. 그 결과 미일 GSOMIA의 체결은 2007년을 기다려야 했다. 2006년 9월, 미국과 함께 전쟁할 수 있는 나라를 만드는 것을 목표로 한 제1차 아베 신조 정권이 일본에서 성립되어 미일 GSOMIA가 아베 정권에 의해 체결되었다.

그런데 2016년 11월 23일 체결된 한일 GSOMIA는 2007년에 체결된 미일 GSOMIA와 조문 하나하나가 거의 똑같이 만들어져 있다. 미일 GSOMIA의 복사본이 한일 GSOMIA인 셈이다.

전술한 바와 같이 2006년 9월 일본에서 제1차 아베 정권이 출범한 후에 미일 GSOMIA는 급속도로 체결되었다. 당시 아베 총리가 추진하기 시작한 일본의 '집단적 자위권 행사'가 현실화되면 미일 GSOMIA가 필수적으로 필요하기 때문이었다. 그리고 2012년 다시 집권한 아베 총리는 2014년 9월 일본 국회에서 '안보법제'를 강행처리해 일본은 마침내 집단적 자위권을 행사할 수 있는 나라가 되었다. 즉 미국과 같이 전쟁할 수 있는 나라가 된 것이다.

태평양전쟁에 패배하여 전범국가로 몰린 일본국에 대해 1990년 대 일본 우파들은 과가 일본이 미국을 상대로 전쟁을 한 것이 잘못이었다고 하면서, 일본의 명예를 회복하기 위해서는 미국과 함께 전쟁을 하고 배전백승 해야 한다는 논리를 폈다. 그래야만이 전범국가로 낙인이 찍혀서 얻은 열등감을 씻을 수 있다는 그릇된 논리가 그들의 논리였다. 일본에서 그런 우파들의 사고방식을 흔히 '자유사관'이라고 한다.

아무튼 미일 간의 사례를 보아도 GSOMIA는 단순한 군사정보교환협정이 아니라 같이 전쟁을 지르기 위한 첫 단추인 것이다. 한국이 30개 이상의 나라와 GSOMIA를 이미 체결했기 때문에 한일 GSOMIA를 체결해도 전혀 문제가 없다는 식으로 주장하는 사람들이 있지만 각 나라와의 GSOMIA가 똑같은 내용을 갖고 있는 것이 아니다. 한국과 기타 대부분의 나라들과의 GSOMIA는 단순한 정보교환 차원의 협정일 수 있지만, 미일 GSOMIA 그리고 한일 GSOMIA는 공동 군사작전을 전개함을 전제로 한 GSOMIA라는 점이 그 특징임을 잊어서는 안 된다.

2016년 11월 23일 한일 GSOMIA 체결로 교환할 수 있게 된 군사정보에는 군사 작전 데이터, 전략 정보, 암호체계, 군사장비와 무기의 기술 정보 등이 포함된다. 바로 한일 GSOMIA는 미일 GSOMIA와 마찬가지로 유사시를 전제로 한 군사협정인 것이다. 이 부분이 우리가 알아야 하는 한일 GSOMIA의 핵심인 것이다.

박근혜 정권이 주장한 대로 GSOMIA로 북한에 관한 정보만을 얻는다면, 미국을 통한 정보교환이라는 기존의 틀을 정교화시킴으로써 충분히 더 나은 북한 정보취득이 가능하다. 군사정보란 구두정보, 문서정보 등도 있지만 최근 대부분 정보는 데이터베이스화된 전자정보이다. 미국을 한국과 일본의 중간에 넣는다 하더라도 정보교환 속도만 높이는 기술을 향상한다면, 동시에 3국의 정보를 한눈에 볼 수 있는 체계구축이 가능하다.

박근혜 정권은 먼저 그런 한·미·일 체제를 생각했었어야 했다. 그러나 논의 자체가 실종되었다. 최순실 게이트라는 국정 마비상태에 편승해 한일 GSOMIA를 체결했다고 해도 과언이 아닌 상황이었다. 이에 야권도 한일 GSOMIA는 일본과의 협정이니까 반대한다는 식의 반일감정에 호소하는 수준을 벗어나지 못해 국민들의 공감을 얻는 데 실패했다. 여야가 GSOMIA의 본질을 깊이 이해하기 전에 한국이 전쟁터가 되어도 한·미·일이 대응할 수 있게 하는 작전이 진행되고 있다.

그런데 유사시를 전제로 할 때 전쟁이 일어나는 곳이 한반도라는데 문제가 있다. 한일 GSOMIA는 북한의 위협을 말하면서 동시에 한반도 유사시를 전제로 한다. 군사작전 데이터와 군사기술의 정보교환 등을 가능하게 하므로 한반도에서 전쟁이 일어나도 충분히 대응할 수 있도록 하는 것이 한일 GSOMIA의 목적이다. 그러므로 오히려 한반도에서의 전쟁을 유도할 위험성을 내포하고 있다. GSOMIA 체제를 통한 한·미·일 공조는 신냉전을 가속화시키고 제2의 한국전쟁을 유발할 요인을 만들어 버리는 결과가 된다는 점을 깊이 생각해야 한다.

그리고 GSOMIA 다음에 오는 것이 ACSA이다. ACSA란 '상호 군수지원협정'을 가리키는 말이다. 한일 간에서 ACSA까지 체결한다는 얘기는 이미 2012년 이명박 대통령 때 나온 내용이다. 한일 간에서 ACSA까지 체결한다면 사실상 한일군사동맹 체결로의 길이 거의 모두 준비되었다고 보아야 한다. 그런데 이명박 시절은 밀실

체결 논란이 일어나 한일 간에서 서명 직전에 두 가지 모두 보류된 바 있다.

한일 간에는 독도문제라는 영토문제가 있다. 영토문제가 있는 나라끼리 군사동맹을 맺는다는 것은 큰 모순이다. 예를 들어 만약에 한국이 일본과 함께 북한을 상대로 전쟁을 할 때 한국 측의 독도 방어가 허술하게 된다면 그 틈을 타서 일본이 독도를 재침략할 우려가 있다. 그러므로 앞으로 ACSA 등 한일 군사동맹과 깊은 관련이 있는 협정을 맺는다면 그 전제조건으로 독도 문제가 해결되어 있어야 한다.

그리고 한 · 미 · 일 공조로 가는 이유 중 하나로 북한의 핵위협이 있는 것이 사실이지만 북한이 실제로 핵공격을 포함해 한국을 선제공격한다면 미국이 즉시 개입할 것을 북한이 잘 알고 있기 때문에 북한이 무조건 남한을 공격할 일은 없다는 것이 상식이다.

사드배치 결정에 이어 한일 GSOMIA 체결로 북한뿐만이 아니라, 중국을 공격할 태세를 한 · 미 · 일 3국이 갖추었다고 판단한 것이 중국 측 반응이다. 중국 측으로 볼 때 북한뿐만이 아니라 중국까지 망하게 만들기 위해 미국과 일본이 새로운 냉전체제를 구축하는 일에 한국이 가담한 셈이 된다.

한국은 이런 결정에는 좀 더 신중하고 국민들에 대한 설명책임을 다하면서 진행했었어야 했다. 역사를 되돌아보면 1905년 11월 국민을 제외하고 8명의 대신 중 5명의 찬성으로 대한제국은 외교권을 박탈당해 일본의 지배 하로 들어갔다. 당시는 국회가 없었기 때문에 8명의 대신들이 고종 앞에서 모든 것을 결정하는 입장에 있었다. 일본은 국회가 없는 대한제국의 약점을 이용해 을사늑약을 강요한 셈이다.

현재는 다행히 국회는 있으나 중요한 결정을 할 때 국회와 국민들의 의견을 듣지 않는다면, 을사늑약과 똑같은 결과를 초래할 우려가 있다. 국회와 국민을 도외시한 결정은 중대한 결과를 초래할 수 있기 때문에 대한민국은 좀 더 이런 결정에 국회와 국민들이 참여할 수 있는 체제가 필요할 것이다.

2. 한·중, 한·미관계

2015년 9월까지만 해도 한·중관계는 밀월관계였다. 역사문제로 협력하면서 일본을 압박했고, 중국은 2014년 1월 하얼빈에 안중근 의사 기념관을 전격적으로 개관해 주기도 했다.

2015년 8월 4일 경기도 파주의 남한 측 비무장지대(DMZ)에서 북한군이 설치한 지뢰가 폭발하면서, 한국군 부사관 2명이 각각 다리와 발목이 절단되는 중상을 입은 사고가 일어났다. 이때 중국이 북한을 압박해 그들로 하여금 한국에 대해 유감을 표명하게 만들었다.

박근혜 대통령(당시)은 이런 중국 측에 감사를 표하면서 2015년

9월 중국의 군사 퍼레이드(열병식)에 참석해 중국을 "오랜 벗"이라고 칭했고 이때 밀월관계는 최고조에 달했다.

여기까지는 한·중관계가 좋았다. 그러나 여기까지였다. 한국이 경북 롯데 소유 성주골프장에 고고도미사일요격시스템(THAAD)을 설치한다고 발표한 후 한국에 대한 중국 측 보복이 본격화되었다.

중국이 한국의 사드배치에 상상을 초월하는 보복을 가하기 시작했고 그것이 계속될 우려가 있다. 이것은 시작에 불과한 것이다. 중국은 앞으로 문화, 경제 분야뿐만이 아니라 외교에서도 오히려 북한카드를 활용하면서 한국을 괴롭히기 시작할 것이라는 관측이 있다.

중국의 사드 보복에 대해 한국에서는 한국의 주권행위에 대한 침해라는 견해가 주류다. 국민적인 합의가 없는 상황에서 사드배치 결정 통보를 받은 것이 한국국민의 입장이다. 그런데 중국에 의한 사드 보복이 도를 넘었다고 느끼고 화가 난 나머지, 마치 한국국민들이 주권을 행사하여 사드배치 결정을 내린 것처럼 착각하기 시작했다.

중국은 사드배치란 북한뿐만이 아니라 중국도 미국의 표적이 되었다고 생각하고 있다. 미국이 오바마 정권 내내 '재 균형 정책'이라고 말하면서 중국포위망을 구축해 온 것을 중국이 잘 알고 있다. 미국은 일본과 한국뿐만이 아니라 필리핀, 대만, 호주, 뉴질랜드, 인도 등과 중국을 포위하는 군사계획을 실행에 옮겨 왔다.

호주 다윈에는 미국해병대가 상주할 수 있게 했고 인도와 미국은 수없이 합동군사훈련을 실시해 오고 있다. 그러므로 중국이 한국 땅에 사드를 배치하는 것을 중국포위망을 구축해 나가는 미국의 대중 정책의 일환으로 보고 있다. 사드의 X벤드 레이더는 2~3년 후에 미국본토에서 직접 조정이 가능해진다. 그러므로 미국은 한국에 배치한 사드의 X벤드 레이더를 직접 가동시킬 수 있게 된다. 즉 한국이 X벤드 레이더 조정에서는 제외되고 사드부지만 제공하면서 한국의 일부가 미국땅이 되는 것과 마찬가지인 것이다.

한일군사정보보호협정으로 한국의 X벤드 레이더가 포착한 정보는 순식간에 일본 측으로도 전달된다. 그런 상황이 오면 한국이 미국과 일본의 앞잡이 노릇을 하게 되는 셈이다.

냉전시대가 끝난 후 그동안 적국이었던 중국이나 러시아, 기타 사회주의 국가들을 통해서 북한을 설득한다는 소위 '북방외교'가, 노태우 시절부터 한국외교의 기조 중 하나였고 평화통일을 위한 외교의 기본 중의 기본이었다.

2015년 9월 박근혜 대통령(당시)이 중국의 군사퍼레이드(열병식)에 참석했을 때만 해도 한국의 북방외교는 살아 있었다. 그러나 그 후 박근혜 정부는 약 25년간에 걸친 한국 외교의 기조였던 북방외교를 갑자기 정시시켰고 중국에 등을 돌려 미국과 일본을 선택해 버렸다. 그러므로 한국을 중심으로 이루어져 있던 한반도의 균형이 깨져 버렸다.

그리고서는 미국의 요청으로 2015년 12월 28일 위안부 합의를 졸속으로 마무리하면서 박근혜 정부는 한·미·일 공조를 만들어 냈고 북한핵문제에 대응하기 시작했다.

이때쯤부터 박근혜 정부는 한반도와 동북아의 균형이 깨지기 시작했음을 생각하지도 않은 채, 일방적으로 중국을 무시하기 시작했고 미국, 일본과 협력하기 시작했다. 그런 갑작스러운 변화의 이유가 북한에 대한 중국의 미온적 태도 때문이었다고 하지만, 그렇다고 중국을 설득하는 노력을 거의 포기하고 북방외교를 파탄시킨 행동을 왜 했는가?

이런 한국외교의 무능함은 잘못하면 한국국민이 미국과 일본의 총알받이가 되는 일로 이어질 우려마저 나와 있다.

한반도라는 지정학적으로 어려운 환경을 잘 주관하고 외세의 영향을 줄이고 한국 내부의 역량을 극대화하지 않으면 정상적으로 국가가 움직이지 않을 수 있는 것이 한국이다. 그런데 현재 미국, 일본, 중국 등 외세가 깊숙이 한국 내부까지 영향력을 행사하게 되었고 한국 스스로 움직일 수 없는 상황에까지 왔다.

이런 위기를 극복할 수 있는 유일한 방법은 중국이 북한을 설득할 수 있는 자리에 다시 서도록 만드는 것이 가장 바람직하다. 한국이 중국과 러시아와의 정상적인 외교관계를 회복시키고 그들로 하여금 북한을 견제할 수 있는 위치에 다시 서게 해야 한다.

2017년 4월 7일 미국의 트럼프 행정부가 화학무기로 자국민들을 다수 살해한 주범으로 시리아 정부를 지목하면서 약 60발의 순항 미사일로 시리아 공군기지를 공격했다. 이때 마침 트럼프 대통령은 미국 플로리다 주 팜비치에서 미중정상회담 때문에 방미 중인 중국의 시진핑 주석과 만찬 중이었다.

미국의 시리아 공격은 북한과 중국에 대한 경고 메시지이기도 했다. 즉 북한에 대해 미국이 얼마든지 선제공격을 가할 수 있다는 메시지인 것이다.

3. 사드 문제와 미국의 북한 선제공격설

러시아, 중국 같은 대륙세력과 미국, 일본 같은 해양세력에 끼인 연해지역 한반도는 항상 양쪽 세력의 침입으로 역사적으로 희생양이 된 지역이다. 그러므로 전술한 바와 같이 한국은 외세의 영향을 줄이고 내부역량을 강화하면서 다시 희생양이 되는 길을 막아야 한다.

그런데 미국은 그동안 김정은 참수작전을 왜 계속 못하고 있었는가? 한국국방연구원의 서주석 책임연구위원이 2017년 3월 5일 일본 게이오 대학교에서 열린 한반도 안보 심포지엄에서 다음과 같이 말했다.

"94년 클린턴 행정부는 미국이 북한 핵시설만을 핀 포인트 공격하면 [북한의 반격으로] 10만 명 이상의 미국 병사들과 100만 명 이상의 남한 병사들과 남한 민간인들이 사망한다는 보고를 받았다. [그러므로 클린턴 행정부는 북한 선제공격을 포기했다.] 현재 북한의 공격능력이 향상되었기 때문에 피해는 더 늘어날 가능성이 있다. 그러므로 한국의 어떤 지도자도 미국이 북한을 선제공격해도 된다고 생각하지 않는다."[3]

1994년 북한이 판문점에서의 남북대화 때 소위 '서울 불바다' 선언을 했다. 이에 클린턴 행정부는 북한에 대한 선제공격을 검토했다. 그러나 위와 같이 미군과 한국의 피해가 너무 크다는 보고를 받아 단념한 적이 있다. 당시 그 대신 카터 전 미대통령을 특사로 북한으로 보내 김일성 주석과의 북미회담을 성사시켰다.

그런데 과연 서주석 책임연구위원의 말처럼 한국 지도자들이 모두 미국의 북한 선제공격이 불가하다고 생각하고 있는지는 의문이다. 이렇게 남한 측 피해가 크다는 미국 측 보고가 나온 이유 중 하나가 휴전선으로부터 평양은 140㎞ 떨어져 있으나 서울은 40㎞ 밖에 떨어져 있지 않다는 데 있다. 그러니 미국이 북한을 선제공격하면 결과적으로 북한의 반격으로 남한 측 피해가 매우 크다는 것을 미국 자체가 잘 알고 있다는 얘기다.

대량살상무기가 있다고 허위를 주장하면서 이라크전쟁을 감행한 부시행정부는 이라크의 '민주화'를 역설했다. 그 결과 무리한 민주화 정책이 중동의 혼란을 야기 시켰고 IS 등장에 명분을 주었으

---

3) 동양경제 온라인, 2017. 3. 6.

며 대량의 시리아 난민을 비롯한 중동 난민을 발생시켰다. 그리고 중동을 다시 미국과 러시아의 대리전쟁터로 만들어 버렸다. 한반도에서 그런 무서운 혼란이 일어나지 않도록 해야 한다. 그 가장 올바른 길은 '북방외교'를 복원시키는 길밖에 없다.

그러나 트럼프 행정부는 북한에 대한 선제공격을 배제하지 않았다. 그 이유 중 하나는 사드배치에도 있다. 사실 패트리엇이나 사드는 방어용이라고 해도 '선제공격을 위한 방어용'이라는 것이 정확한 표현이다.

1991년 걸프전쟁이 일어났을 때 미국은 사우디아라비아에 압력을 넣어 미군 주둔을 허가받았다. 그리고 나서 이라크의 미사일 공격에 대비해야 한다고 해서 사우디에 요격미사일 패트리엇을 다수 배치시켰다. 그것은 사우디에 주둔하는 미군을 방어한다는 명분하에 이루어졌다.

그런데 사우디에 대한 패트리엇 배치는 미국이 이라크를 선제공격했을 때, 이라크가 미사일로 사우디를 공격해도 충분히 방어할 수 있으니 안심하라는 뜻이었다. 바로 요격 미사일 패트리엇은 '선제공격을 위한 방어용 무기'인 것이다.

사우디와 이스라엘에 대한 패트리엇 배치를 종료한 다음에 1991년 1월 17일 미국은 이라크에 대해 선전포고 없이 선제공격을 가하기 시작했다. 이에 이라크는 이스라엘과 사우디에 스커드(Scud) 미사일을 발사했다.

당시의 패트리엇은 아직 대 미사일 요격용이 아니라 비행기를 격추시키는 무기였기 때문에 이라크의 스커드 미사일을 대부분 격추했다는 보도가 있었지만, 실제로는 큰 성과를 올리지 못했고 이스라엘과 사우디는 이라크가 쏜 스커드 미사일로 피해를 입었다.

미국의 선제공격은 2003년 3월 개시된 이라크 전쟁에서도 마찬가지였다. 그 결과 이라크는 거의 저항할 수 없어서 조기에 전투가 끝났다. 그렇게 싱겁게 전투가 끝난 이유는 미국의 발표와는 달리 이라크에는 미국의 선제공격에 대응할 수 있는 핵이나 기타 대량살상무기가 없었기 때문이다.

북한은 이런 전쟁들을 염두에 두고 미국의 선제공격에 즉각 대처할 태세를 갖추고 있다고 장담한다.

미국의 '선제공격을 위한 방어용 무기'는 패트리엇뿐만이 아니라 사드도 마찬가지다. 미국은 한국의 미군을 방어하기 위해 2017년 3월 7일 사드를 배치하기 시작했고 예상을 깨고 4월 26일 X-밴드 레이더와 발사대, 교전 통제소 같은 핵심 장비들이 경북 성주에 조기에 배치되었다. 배치 장소가 된 성주의 주민들이 연일 반대시위를 벌였다.

그리고 4월 27일 트럼프 대통령이 사드 비용을 한국이 지불해야 한다고 발언해 한국 내에서 혼란이 야기되었다. 처음은 사드가 한국을 보호한다는 얘기가 있었으나 정확하게는 한국 내 미군 기지를 보호하기 위한 방어시스템이 사드인 것이다. 물론 주한미군을 보호하는 것은 결과적으로 한국을 보호하는 것이 된다. 그러나 부지는 한국이 제공하고 장비일체에 대한 경비는 미국이 부담하기로 약정서까지 맺은 상태였기 때문이다.

그런데 북한이 갖는 핵과 미사일의 공격능력은 이라크와 비교할 수 없을 정도로 높은 단계에 있다. 미국이 북한에 선제공격을 가하는 즉시 북한은 남한을 공격할 것이다.

그때 사드로는 한국 방어가 불가능하다. 사드는 이론적으로 고도 40㎞ 이상 150㎞ 이하로 들어오는 미사일을 요격할 수 있다고 해도 북한이 40㎞ 이하의 고도로 충분히 한국을 공격할 수 있고 150㎞ 이상의 고도로도 한국 공격이 가능하다. 그리고 사드의 사정범위 면적은 200㎞ 이기 때문에 성주에 배치될 사드는 서울 등 수도권을 방어할 수 없다.

수도권이나 저고도로 들어오는 미사일은 패트리엇으로 요격하면 되지 않겠느냐고 하는 이들이 많다. 패트리엇의 사정범위 면적은 2~3㎞ 정도에 불과하므로 수도권 전체를 방어하기 위해서는 패트리엇 발사 기지를 수도권에 100~200군데 이상 만들어야 한다. 그것은 도저히 불가능한 일이다.

어쨌든 사드와 패트리엇으로 북한의 핵미사일 공격을 방어할 수 있다는 얘기 자체가 비현실적인 것이다.

미국 트럼프 행정부가 북한에 대한 선제공격을 선택지 중 하나로 언급하고 있는 이 상황은 한국을 매우 위험한 상태로 빠뜨릴 우려가 있는 상황임이 분명하다.

AP통신은 2017년 4월 14일 미국의 북한 정책은 중·러의 협력하에 북한에 대한 '제재와 압박'을 가하는 것이라고 보도했다. 즉 북한에 대한 최대한의 경제적 제재를 가하므로 북한의 핵무기 개발과 미사일 도발을 막고 만일 북한이 한국이나 일본, 미국 등에 실제로 군사도발을 가할 경우 북한을 군사공격 하겠다는 정책이라는 뜻이다. 북한이 핵실험이나 미사일 발사실험 정도로는 북한을 공격하지 않을 것이라고도 보도되었다. 그러므로 북한의 핵실험만으로도 선제공격을 하겠다는 것이 미국의 속마음이 아니라는 점이 일단 확인이 되어 급한 불이 꺼지기도 했다.

　국제정치의 전쟁 억지 논리 중 잘 알려진 보편적인 논리는 '세력균형(Balance of Power)'이다. 사드 배치로 한반도의 세력균형이 깨지고 자국에 유리해졌다고 생각한 미국이 북한을 선제공격할 경우 한반도는 돌이킬 수 없는 길을 가게 될 우려가 있다. 중국에도 큰 피해가 발생하기 때문에 중국은 이상할 정도로 사드배치에 반대하고 있다. 한국 정부는 한반도의 세력균형을 지키면서 미국을 설득해 북한 선제공격을 하지 않도록 해야 하고 중국을 설득해 북한 핵문제 해결을 촉구해야 한다.

4. 북한이 핵과 미사일 도발을 되풀이하는 이유

2017년 3월 9일 미국 트럼프 행정부가 북한에 대한 모든 옵션을 고려 중이라는 보도가 나왔다. 그러나 같은 날 NEW YORK TIMES는 미국이 북한에 대한 선제공격은 제외한다고 미국 정부 소식통의 말을 인용해 보도했다. 그러면서 트럼프 행정부가 북한에 대한 선제공격을 제외하는 이유로는 한반도에서의 전쟁을 회피하기 위함이라고도 했다.

이 보도내용만 볼 때 트럼프 행정부는 1994년의 클린턴 행정부가 낸 결론, 즉 북한을 선제공격하면 북한의 보복으로 남한 측의 희생이 매우 심각해지므로 선제공격은 못한다, 라는 결론을 그대로 이어갈 전망이 커 보였다.

그러나 3월 17일 트럼프 정부가 들어선 후에 처음으로 한국을 방문한 틸러슨 미 국무장관이 그동안의 대북정책 실패를 인정해 대북 강경론을 언급했다. 그는 윤병세 외교부장관과의 공동기자회견에서 북한에 대한 "전략적 인내는 이제 끝났다. 외교적, 안보적, 경제적 모든 형태의 조치를 모색하고 모든 옵션을 검토할 것"이라고 했고 "군사적 갈등까지 가는 것은 원치 않는다"라고 하면서도 "만일 북한이 한국과 미군을 위협하는 행동을 한다면 그에 대해 적절한 조치를 취할 것"이라며 군사적 행동도 배제하지 않는다는 점을 강조했다.

그럼 미국 측 전략은 무엇인가? 아들 부시 때는 6자회담을 열어 중국을 통해 북한을 설득하는 전략을 썼다. 그것이 결국 성과를 보지 못했고 북한은 핵실험과 미사일 발사를 되풀이했다.

특히 김정은이 집권한 후에는 2017년 4월 9일 현재까지 40발정도의 미사일을 쏴 올렸는데 그 숫자는 벌써 아버지 김정일 시대의 두 배를 웃돌았다. 그러므로 이제 미국까지 타격할 수 있는 ICBM 개발도 눈앞이라고 생각한 북한에 대한 선제공격을 시야에 넣으면서 미국은 THAAD(사드) 한국 배치를 결정한 것이다.

사드 배치는 오바마행정부의 결정이었다. 오바마로서는 이라크 전쟁을 마무리했고 리비아, 이란, 쿠바 문제를 일단락시켰기 때문에 남은 문제로서 북한 핵문제를 해결하기 위한 하나의 전략이 남한에 대한 사드배치였을 것이다. 그러나 IS 문제와 시리아 내전 등 중동의 혼란이 가중되자 오바마 행정부의 대북한 전략은 적극적이지 못했다.

그런데 입장을 바꿔서 생각할 때 김정은도 만약에 북한 측에서 남한을 공격한다면, 미국이 아무리 다른 지역의 정세가 복잡하다 할지라도 북한의 남한 침략을 좌시할 리가 없으므로, 제2의 한국전쟁으로 발전해 결국 북한 자체가 망할 수 있음을 모를 리가 없다. 그러므로 북한이 선제적으로 핵과 미사일 공격을 남한에 가한다는 확률은 거의 없다. 그렇다면 북한은 왜 핵실험을 되풀이하고 도발적으로 미사일을 쏴 올리는가? 이 내용에 대한 면밀한 분석이 필요하고 정확한 대책수립과 더불어 정부는 국민에 대한 설명 책임을 다해야 한다.

북한이 핵실험과 미사일 발사를 일삼는 첫 번째 이유는 북한체제를 유지하기 위함이다. 북한은 대량살상무기를 실제로는 갖지 않았던 이라크의 사담 후세인이 미국에 의해 처형되는 것을 보았다.

그리고 리비아의 카다피가 대량살상무기를 포기해 결국 카다피 체제가 무너지는 과정을 지켜보면서 핵개발을 포기하면 자신들의 체제 자체가 무너질 수밖에 없음을 알게 되었다. 그러므로 북한은 이라크와 리비아의 '교훈'으로 자신들의 생존을 위해 절대로 핵을 포기하지 않을 것이다.

두 번째로 김정은의 어머니 고영희가 재일교포라는 사실로 김정은은 북한사회에서 정통성을 인정받는 백두산 혈통이 아니다. 북한에서는 재일교포를 일본제국주의에 가담한 자로 보고 차별하므로 김정은의 혈통에 대한 사실이 북한주민들에게 알려지지 않도록 북한당국은 주민들의 눈을 항상 다른 곳에 돌려야 한다.

그 가장 좋은 방법이 핵과 미사일 개발과 미국을 도발하는 일이다. 이것을 되풀이함으로 북한 주민들에 대해 김정은이 자신의 '위대함'을 과시할 수 있어 정통성의 결여를 보충할 수 있기 때문이다. 그러므로 김정은의 도발은 계속될 것이라는 관측이 우세하다.

그런데 국제사회에 대해 북한이 핵개발과 미사일 도발의 명분을 내세워야 한다. 그런 명분으로는 항상 북한을 침략하려는 적국이 있다는 주장이 가장 내세우기 쉬운 명분이 된다. 즉 김정은과 북한당국은 언제 적국으로부터 공격을 당할지 모른다는 긴박한 상황을 연출해야 만이 북한 주민들의 생활을 희생시키면서 실시하는 핵과 미사일 도발에 명분이 선다. 즉 김정은으로서는 항상 북한을 침략하려는 '침략자'로서의 미국과 남한의 존재가 필요하다.

그가 핵개발과 미사일 발사를 아버지 때의 두 배 이상의 속도로 되풀이하면서, 북한사회에 항상 긴장감을 조성해야 하는 이유가 자신의 정통성의 결여에 있다는 얘기는 일본 측 언론에서도 나온 바 있다.

세 번째 이유로서는 미국에 대한 외교카드용으로 북한은 핵과 미사일을 개발하고 보여주고 있다. 1953년 7월 27일 한국전쟁은 휴전협정이 체결됨으로 일단락되었다. 그때 협정을 맺은 것은 북한 측은 북한과 중국, 남한 측은 미국을 중심으로 한 유엔이었다. 중국군은 형식상 인민들이 자발적으로 참여했다는 형태를 취한 '인민의용군'이었으므로 중화인민공화국을 정식으로 대표하지는 않았다. 그리고 남한은 협정에 직접 참여하지 않았다.

그러므로 북한으로서는 현재 미국과 협상을 해야 휴전협정을 정전협정으로 바꾸고 평화조약을 체결할 수 있다는 생각을 갖고 있다. 그러니 북한은 미국과의 협상카드로 핵무기와 미사일을 활용할 생각으로 보인다. 북한에 유리한 입장에서 미국과 협상하기 위한 핵과 미사일은 북한에 있어 절대적으로 필요한 협상용 무기인 것이다.

네 번째 이유로서 북한이 외화를 버는 수단으로 핵과 미사일을 개발한다. 2009년의 로이터의 보도에 의하면 1980년대부터 북한은 이란, 파키스탄, 이집트, 리비아, 시리아, 예멘 등에 미사일을 수출했고 수출액은 연간 약 15억 달러 정도라고 밝혀졌다. 그 후 유엔의 북한 제재로 그 규모가 축소되었지만 핵과 미사일의 기술 수출은 막기가 어렵다. 북한은 자국에 대한 국제적 경제제재를 극복하기 위해 외화를 버는 목적으로 앞으로도 홍보용으로 핵실험을 단행하고 미사일 발사를 되풀이할 것으로 전망된다. 핵실험과 미사일 발사를 통해 북한의 핵과 미사일 기술의 '우수성'을 세계에 보여줘야 비싸게 팔 수 있기 때문이다.

물론 북핵이 남한을 위협하는 수단이기는 하나 남한을 핵의 방사능으로 오염된다면, 그 회복에는 몇십 년 이상 걸리므로 북한으로서는 사실상 하고 싶지 않은 것이 가장 가까이에 있는 남한에 대한 핵 공격일 가능성이 크다. 남한이 핵으로 오염되어 버리면 북한이 현재도 버리지 않는다고 일부가 주장하는 소위 '적화통일'도 남한의 방사능오염으로 의미가 없어지기 때문이다.

한국전쟁 때 맥아더 장군이 중국과 북한의 국경지대에 히로시마급 원자폭탄 30~50발을 투하하는 계획을 갖고 있었다. 그는 그 작전을 수행하기 전에 트루먼 대통령에 의해 해임되었으나 혹시 실제로 그런 과격한 핵 공격을 맥아더가 가했더라면 만주지역을 중심으로 중국과 북한지역 자체가 방사능으로 심하게 오염되어 버렸을 것이다. 당시는 아직 핵에 의한 방사능 오염에 대해 잘 알려지지 않았기 때문에 그런 과격한 작전을 세울 수 있었던 것이다.

핵전쟁이란 서로 핵무기를 사용하면 엄청난 직접적인 피해가 있을 뿐만이 아니라 방사능 오염으로 결국 양쪽 다 나라나 민족 자체가 망한다는 사실이 있기 때문에 쉽게 일어나지 않는다.

그리고 다섯 번째는 대중국 협상카드로 사용하고 있는 것이 북한의 핵과 미사일이다. 이것은 한마디로 북한 자체가 붕괴위협을 중국에 가하고 있다는 얘기다. 중국이 이 사실 때문에 고민하고 있다.

3월 22일 중국의 관영 환구시보는 중국국제전략학회 고문인 왕하이윈(王海運) 인민해방군 소장의 평론을 게재했다. 그의 말은 다음과 같다.

"[한반도에서] 전쟁이 일단 발발하면 중국에 전례 없이 심각한 안보위협이 가해질 것이다."

"전쟁 발발 시 북한 난민이 중국 국경 등으로 유입되는 것을 저지하기 위해 북한 내에 국제 난민캠프를 설치하는 방안도 고려해야 한다."

"한국과 미국이 북한 핵시설을 타격해 방사능 오염이 생길 경우에도 대비해 중국군 화생방부대를 중국 동북지방과 북한 북부지역에 투입, 오염 확산을 막는 것까지 염두에 둬야 한다."

왕이(王毅) 중국 외교부장도 3월 20일 "하나는 양측의 대립이 계속돼 최종적으로 충돌, 심지어 전쟁 상황까지 치닫는 것이고 또 다른 하나는 각 당사국이 모두 냉정을 찾아 정치 외교적 해결 궤도로 돌리는 것"이라고 언급했다.

이상의 보도에서 볼 때 중국이 가장 무서워하는 것은 유사시 북한난민들의 중국유입과 한반도와 중국의 방사능오염이다. 그동안 중국은 북한 난민의 발생이라는 리스크 때문에 북한을 붕괴시킬 수 없어서 중요공급을 중단할 수 없었다. 북한이 노리는 점도 이 점이다.

그런데 한국인들 중 일부는 미국이 북한을 선제공격하는 것을 원하고 있다. 그런데 그런 사람들은 그 후에 일어날 큰 재앙을 이상할 만큼 고려하지 않는다. 한반도 전쟁발발 시 남한에도 북한난민들이 대거 몰려올 것이고 핵무기가 사용될 경우 남한 자체가 방사능으로 오염돼 사람들이 대량을 죽을 뿐만이 아니라 방사능오염으로 남한도 폐허가 된다. 그런 현실을 무시해 미국이 선제공격을 가해서 북한이 붕괴될 것을 원하는 일부 한국인들의 시각은 대단히 우려스럽다.

결국 한국이 외교력을 제대로 복원시켜 북한과 미국의 관계를 개선하는 데 주력해야 한다. 북미 관계가 개선되어야 만이 한반도의 위기가 사라진다. 그러기 위한 정책은 무엇인가를 생각할 줄 아는 정권이 남한에서 자리 잡아야 할 것이다.

이상 다섯 가지가 북한이 핵과 미사일로 국제사회에 대해 도발행위를 되풀이하는 이유로 볼 수 있다. 국제사회는 이런 내용을 면밀히 검토하여 효과적으로 북한의 도발을 막는 길을 찾아야 한다.

5. 한국의 안보를 위해

9 · 11 테러로 시작되어서 아프간전쟁과 이라크 전쟁을 거쳐 세계가 크게 변화해 버렸다. 이와 같은 변화의 양상들은 오늘날 국가 이익의 관점이 크게 변화되었다는 것을 여러 분야에서 확인할 수 있다. 새로운 시대의 급격하고도 다양한 변화를 감안하여 볼 때 국제정치학에서 사용되는 주요 개념들도 재정의해야 할 필요성이 있다.

특히 동맹의 개념은 과거와 같이 군사 · 안보 이익을 중심으로 형성되던 전통적 개념에서 벗어난 지 오래되었기 때문이다. 오히려 경제적 실리를 중심으로 하는 비전통적인 안보 요인들이 동맹 형성의 주요 동력이자 안보의 핵심 개념이 되었다.

따라서 안보의 개념도 냉전기, 탈냉전기와는 다른 차원에서 재설정해야 한다. 실제 새로운 시대에는 개별 국가들이 인식하는 안보의 개념과 범위가 크게 변화했고, 국가 간 갈등과 충돌 대부분이 바로 이런 비군사적 요인들을 중심으로 일어났다. 2016년 6월의 영국의 EU 탈퇴결정(브렉시트, Brexit)을 보아도 그것은 군사적 요인이라기보다 복합적인 사회적 요인들을 거론할 수 있다. 주된 요인은 영국의 고 연령층이 EU가 결정한 EU 회원국 간의 자유로운 이민교류정책을 거부한 데서 찾을 수 있다.

한때 유럽과 같은 지역은 탈냉전의 모습이 확연히 드러났고 하나의 유럽을 향한 유로화 사용 결정과 EU의회의 출범으로 동서유럽의 통합이 진행되었다. 그런데 영국의 브렉시트로 앞으로 유럽공동체가 붕괴될 가능성도 배제할 수 없는 시대가 시작되었다.

이에 비해 동북아지역은 냉전과 탈냉전이 혼재하는 양상을 보였다가 현재 신냉전이 시작될 조짐을 보이기 시작했다. 이런 점에서 현재의 국제질서는 이중적이면서 과도기라고 볼 수 있다. 한편, 중동에서는 미국과 아랍권 국가들 간의 갈등이 계속되면서 서구문명 대 아랍권 문명 간 충돌이라는 또 다른 유형의 국제 갈등이 분출했다. 이라크 전쟁 이후의 혼란상태가 아랍의 봄을 발생시켰고 IS의 등장과 시리아 내전으로 확대되어 더욱 혼란이 가속화되면서 유럽에 대한 대량 난민사태가 초래되었다. 그리고 이슬람 국가들 간의 갈등이 표면화되었다. 바로 이슬람교 수니파와 시아파의 갈등이다. 수니파의 중심국인 사우디아라비아와 시아파의 중심국인 이란의 갈등이 본격화될 조짐이 있어 중동의 새로운 불씨가 될 우려가 있다.

그리고 새로운 시대에는 이미 강대국 주도의 국제질서가 도래하면서 약소국들의 이익 침해 가능성이 커졌다.

앞에서 많이 보았듯이 특정집단의 사회적 소외 등이 요인이 되어 그것이 테러라는 극단적인 행동으로 나타나면서 국제테러가 오늘날 다반사가 되었다. 이런 일들이 빈번해지면서 특정 지역에서의 테러 소식이나 군사력 충돌은 이제 전혀 새롭다거나 특별한 현상으로 간주되지 않는다.

21세기의 국제질서는 다양한 유형의 총성 없는 전쟁의 지속과 실제 열전이 재개되고 있다는 점에서 오히려 냉전기보다 더 예측불가능하고 불안정한 시대라고 말할 수 있다. 또 한편으로는 국가 간 협력의 모습도 역력하다. 이처럼 현재의 국제질서는 매우 무질서하고 혼돈스럽다. 탈냉전 이후 국제질서가 이 같은 변화의 소용돌이를 계속하고 있는 가운데 서서히 새로운 모습을 드러내려고 한다. 소용돌이라고 할 수 있는 것은 국제관계의 변화 측면이 부정적 측면과 긍정적 측면이 동시에 나타나고 있는 가운데 다소 혼돈의 양상을 보여주고 있다는 것을 말한다. 냉전의 종식과 탈냉전으로 인한 양극체제의 붕괴, 세계화, 지역화, 다양한 협력과 갈등의 모습들, 국가 행위에 대한 제약 요소들, 그리고 오히려 세계화와 지역화에 반대하는 움직임 등이 빠르게 증가하는 모습들을 확인할 수 있었다.

탈냉전기에 한때 강대국간 전쟁의 가능성이 없어졌다고 해서 그 시기에도 인류가 전쟁의 공포나 피해로부터 자유스러워진 것이 아니었다. 또한 자유민주주의가 보편적인 정치질서로 자리를 잡았다고 한때 흔히들 말했고 자유민주주의가 역사의 종착점이라고 주장한 프란시스 후쿠야마의 저서 『역사의 종언』이 세계적인 화제의 도서가 되기도 했다.

그러나 국제사회는 그런 흐름에 역행하는 모습을 보이기 시작했다. 강대국 간 전쟁 가능성은 여전이 남아 있으며, 또한 강대국과 약소국 간의 전쟁, 시리아 내전처럼 미국과 러시아의 대리전쟁도 계속되고 있다.

중동에서의 미국과 아랍권 국가들과의 갈등이 새로운 국면으로 접어들었고 동북아지역의 중국과 일본 간의 지역패권 경쟁으로 센카쿠열도로 대표되는 영토문제로 인해 충돌이 우려되는 상황이 계속되고 있다.

또한 9 · 11 테러 이후 북한과 중국에 대한 억지 전략을 공유하는 미일동맹의 강화, 경제적으로 부상한 중국을 중심으로 한 반미 국가들의 단합 움직임을 보아도 역내 강대국 간 무력 충돌의 가능성이 사라진 것은 아니다.

한편, 핵무기를 비롯한 대량 살상무기들의 확산 방지 조치가 있음에도 불구하고 그 효과는 크게 나타나지 않고 있다. 특히 제2차 대전을 끝으로 사용하지 않을 것 같았던 핵무기가 또 다른 차원에서 국제안보를 불안하게 하고 있다. 발달된 로켓 기술이 미사일 기술에 활용되면서 핵물질의 장거리 이동이 가능하게 되었다는 점과 북한과 같은 경제적으로 낙후된 지역조차도 미사일과 핵무기 제조 능력을 갖추었다는 점은 불안을 고조시키는 원인이 되었다. 이런 점에서 오늘날 핵무기를 비롯한 대량살상무기의 확산에 따른 위험성은 과거보다 전혀 감소되지 않았다고 판단된다.

오늘날 안보를 위협하는 것은 우리 삶과 직간접적인 관련을 갖는 우리 주변의 모든 것이라고 할 수 있다. 이는 안보라는 것이 근본적으로 인간의 삶과 밀접한 관련을 갖고 있기 때문이다. 이처럼 우리의 삶과 밀접한 관련이 있는 안보를 어떻게 개념화해야 하며, 그 필요성은 어디에서 찾을 수 있는가 하는 것들의 기본을 지금까지 서술해 왔다.

핵은 인류에게 삶의 조건을 개선해주는 유용성을 제공했지만, 한편으로는 인류 공멸을 초래할 수 있는 위험성을 동시에 제공했다. 핵이 지니고 있는 이 같은 이중적 특성 때문에 핵은 비확산 및 통제가 쉽지 않다. 인류는 제2차 세계대전 때 일본에 투하된 두 발의 원폭을 통하여 핵무기의 가공할만한 파괴력과 위험성을 체험했다. 따라서 평화적 목적이 아닌 그 어떤 수단으로도 핵무기 보유를 금지하려는 노력들이 미국을 중심으로 한 기존 핵보유국에 의해 전개되고 있다.

그러나 핵이 갖는 이 같은 이중적 특성 때문에 확산금지 및 통제가 쉽지가 않다. 그리고 지금까지 미사일과 국제안보에 관한 것으로 미사일 통제의 어려움과 문제점 등을 북한의 실상을 통해 살펴보았다. 문제가 되는 것은 북한의 미사일만이 아니라 미국이 추구하고 있는 MD 체제가 내포하는 국제정치적 의미라고 할 수 있다. 비록 미사일 통제를 위한 조치가 마련되어 있지만 이는 일종의 신사협정으로서 큰 구속력을 갖지 못한다. 북한의 미사일과 미국의 MD는 바로 이런 점에서 해결 상의 어려움을 안고 있다.

오늘날 국제안보 및 국제정치 이슈로 주목받고 있는 몇 가지 대주제들을 중심으로 지금까지 다루었다. 이 주제들은 오늘날 국제정치 영역에서 반드시 이해되어야 할 핵심적인 사안들이기고 하다.

무엇보다도 현재 국제갈등들의 대부분이 바로 이런 국제정치와 안보 이슈들로부터 파생되고 있으며, 또한 이들은 단기적인 그 어떤 처방을 통해서 해결될 수 없는 난해한 성격을 지니고 있다. 따라서 이들 핵심적인 국제 안보이슈들을 이해함으로써 동북아지역이 새로운 안보협력 방안이 필요함을 이해하게 될 것이다.

Ⅱ. 안전보장 개념의 이해

냉전시기의 안보에 대한 개념과 인식은 철저히 군사 · 안보에 초점이 맞추어져 있었으며, 이는 실제 국제안보에서 절대적인 중요성을 차지하고 있었다. 그러나 탈냉전이 도래하면서 이와 같은 개념과 인식이 변했으며 안보영역과 대상 역시 크게 확대되었다. 안보개념의 변화과정을 패러다임 이행으로 인식하는 경향이 있다. 쿤(Kuhn)은 패러다임 이행과 관련하여 안보개념의 변화과정에는 다소 변칙(anomalies)이 있다고 하고 전통적인 국가중심 혹은 군사중심의 안보 패러다임은 이와 같은 변칙사례 앞에서 설명력을 상실한다고 말한다. 물론 현재도 전통적인 안보패러다임은 중요한 안보현상을 설명해 왔으며 많은 안보의제를 이해하기 위한 주요한 출발점이 되어 있다.

한편, 어떤 이들은 국제안보의 개념이나 그 의미는 크게 변한 것이 없으며, 국제관계는 냉전기와 마찬가지로 폭력적일 가능성이 크다고 주장한다. 이런 관점의 바탕은 현실주의 이론으로써, 1989

년의 냉전 종식은 국제관계 본질에 근본적인 변화를 주지 못한다
는 것이다. 냉전 종식은 국가들 간 상호경쟁과 무력분쟁을 결코 멈
추게 하지 않았다는 얘기다. 강대국들의 일시적인 협력은 단지 국
제분쟁의 심판자 역할에 그칠 것이라고도 한다. 이처럼 현실주의의
관점은 냉전 종식을 낙관적으로 보지 않았고 탈냉전 이후의 새로운
지역 갈등의 출현을 예언했다.

이와 같은 주장도 타당성이 없는 것이 아니었다. 특히 미 · 러 간
이나 미 · 중 간에서 신냉전의 시작이 거론되는 요즘의 상황을 보면
탈냉전기와 현재의 안보개념이 중복되는 면이 다시 나타나고 있다.
그러나 아직 탈냉전과 신 냉전의 과도기라고 할 수 있는 상황에서
현재의 안보개념의 대상은 냉전기와는 여러 면에서 다르다고 할 수
있으며, 특히 그 개념과 대상은 매우 포괄적인 성격을 띠고 있다.
본 장은 이런 점들을 주목한 가운데 탈냉전 이후의 안보의 개념과
대상들에 대한 새로운 이해를 정리해 볼 것이다.

제1장. 안전보장의 개념

1. 안전보장인식의 변화에 대한 국제환경

미 · 소 냉전 종식 후의 새로운 국제환경은 안보와 관련된 여러 측면들을 바꾸어 놓았다. 무엇보다도 군사 · 안보적 요인보다 경제 및 테러와 같은 비군사적인 요인들이 국제안보를 위협하는 경우가 더 많아졌다는 점이 중요하다.

냉전기 국가안보에 관한 문제는 주로 국가가 외부의 군사적 위협으로부터 얼마나 안전한가의 문제를 다루었다면, 냉전 종식 이후는 국가 외부는 물론 내외부의 비군사적인 위협으로부터의 안전성 여부도 중요하게 다루고 있다. 따라서 현재의 국가안보는 그 개념과 대상이 확대되고 있는 가운데 안보에 대한 새로운 이해가 있어야 한다.[4]

---

4) Harold Muller,"Security Cooperation," Walter Carlsnaes, Thomas Risses, and Beth A. Simmons(eds.), *Handbook of International Relational Relations*(Sage

이는 국가안보를 위협하는 각종 요인들이 다양할 뿐만 아니라 안보 대상도 확대되고 있기 때문이다. 오늘날은 국가 이외에 소수 집단을 비롯한 인종, 종교, 문화집단과 같은 집단적 성향을 가진 사회를 비롯해 인간으로서의 최소한 생존 조건을 요구하는 개인, 초국가적 공동체 등도 안보대상이 되었다. 이는 안보대상이 크게 확장된 경우들로서 이제 안보는 국가안보를 비롯해 사회안보, 인간 안보, 공동체 안보 등 새롭고 다양한 영역으로 확장되고 있다.

안보개념과 그 대상이 확대되는 이유는 간단하다. 오늘날 국가 와 개인 그리고 단체를 위협하는 요인이 단지 전통적인 안보에 국 한되지 않기 때문이다. 오히려 개인의 생명과 자유 또는 안위를 위 협하는 것은 경제적 요인, 자원 부족의 문제, 환경의 오염과 파괴 로부터 오는 문제, 무차별적 테러의 위협 등 우리 삶과 밀접한 관 련을 갖는 모든 것과 테러에 말려들어 가는 문제에 이르기까지 매 우 다양하다. 또한 산업화시대의 도래로 국가의 힘이 군사력보다는 경제력에 의해 좌우되는 경우가 많아졌다. 다시 말하면, 국가의 부 와 안전을 확보하는 수단적 의미로서 군사력이 가지는 가치가 크게 줄어든 결과이기도 하다.[5] 한국은 1997년 금융 위기를 맞아 IMF의 구제 자금을 받았고 일본으로부터도 많은 자금을 빌렸다. IMF 금

Publications, 2002) 참조.

5) Yang, Seung Ham & Bae, Jong-Yun," The Reliability of Peace Indexes and the Concep of Peace and Security in the 21st Century," The Korean Journal of International Relations, Vol. 43, Number 2(2003), p. 8.

융 위기는 군사력이 아니라 한국의 외환보유고가 바닥이 나서 일어난 사태였다. 이처럼 국가가 재정적으로 파탄되어 국민생활을 위협하는 사례가 탈냉전기에 많아졌다.

2011년 일본의 동북대지진으로 인한 후쿠시마 원전사고 때문에 일본발 방사능 오염 위험이 세계적인 문제가 되었다. 이런 사례도 군사력과 직접 관련이 없는 원전관리 상의 문제에서 온 안보문제다.

2016년 한국 경주에서 진도 6 정도의 한국에서는 매우 큰 지진이 일어나 피해가 속출했고 여진이 계속되는 현상을 겪었다. 한국에서는 내진 설계가 되어 있는 건물의 비율이 낮은 것이 문제로 지적된다.

이런 식으로 안보개념 및 대상의 변화뿐만 아니라 안보문제 해결방식도 변화하고 있다. 문제 해결을 위한 개별국가들의 독자적 행동이 억제되는 대신 집단적이고 다자적인 해결방식이 자리를 잡아가고 있다. 이런 변화와 관련하여 유럽의 다자안보협력체인 OSCE는 대표적인 경우에 해당되는 것으로 볼 수 있으며, 동북아 지역에서 구상되고 있는 다자간안보협력체 구성 움직임은 바로 이런 변화를 반영하는 것이다. 세계적으로 분열의 움직임이 있는 현재에도 아직 다자간 안보협력체 구성을 시도하려는 움직임이 있다.

안보대상, 안보개념, 안보문제 해결방식 등 안보와 관련된 여러 가지 문제들을 새롭게 이해하는데 있어서 논란이 없는 것은 아니다. 이런 논란이 존재하는 것은 당연하다고 할 수 있다. 우리의 생존과 관련되는 모든 것이 안보와 관련을 갖기 때문이다. 또한 안보개념이나 인식의 변화가 이렇다고 하더라도 전통적인 개념의 안보대상(국가안보, 군사안보)이나 개념이 중요성을 상실한 것이 결코 아니다. 비전통적인 안보개념이 중요성을 더하고 있는 것은 사실이지만, 이들이 전통적인 안보의 기능과 그 개념을 대치하는 전혀 새로운 것으로 확고히 자리를 잡고 있다고는 볼 수 없기 때문이다. 새로운 안보대상 및 개념이라고 할 수 있는 인간안보, 환경안보, 사회안보 등은 분명히 전통적인 안보대상 및 개념과는 차이가 있다. 그러나 중요한 것은 이런 새로운 유형의 안보들이 점차 안보 영역에서 차지하는 비중이 커지고 있다는 점에서 안보개념과 그 대상은 재정리되고 이해될 필요가 있다. 따라서 안보개념의 정확한 인식을 위해서는 전통적인 안보개념과 비전통적인 안보개념을 세분화하여 살펴보는 것이 필요하다.[6]

2. 개념적 안전보장

안보의 개념을 구성하는 요소들은 상당히 다양하다. 단순히 사전적인 의미에서만 보면 안보라고 하는 것은 개인과 집단의 중요한 가치에 대한 위협이 없는 상태라고 할 수 있다. 이와 같은 기본적인

---

6) David Baldwin, " The Concept of Security," *Review of International Studies*, Vol. 23(1997) 참조.

개념과 관련하여 학자들의 견해를 보면 다음과 같다.

리프만(Walter Lippman) : "한 국가는 전쟁을 피하기 위해 국가의 핵심가치를 포기하지 않아도 되거나 또는 전쟁을 수행할 경우 승리함으로써 국가의 핵심가치를 유지할 수 있을 만큼 안전하다(A nation is secure to the extent to which it is not in danger of having to sacrifice core values if it wishes to avoid war, and is able, if challenged, to maintain them by victory in such a war)".

아놀드(Arnold) : "객관적 관점에서 안보는 획득한 가치에 대한 위협의 결여 정도를 나타내며, 주관적 관점에서는 그러한 가치들이 공격당할 두려움이 없는 정도를 나타낸다(Security, in any objective sense, measures the absence of threat to acquired values and in a subjective sense, the absence of fear that such values will be attacked)"

부잔(Barry Buzan) : "안보와 관련한 논쟁에서 안보는 위협으로부터 자유에 관한 것이다. 이런 논쟁이 국제체제의 관점에서 벌어질 때 안보라는 것은 국가와 사회가 독자적인 정체성과 국가의 기능을 유지하는 능력에 관한 것이 된다(in the case of security, the discussion is about the pursuit of freedom from threat. When this discussion is in the context of the international system, security is about the ability of states and societies to maintain their independent identity and their functional integrity)". [7]

---

7) John Baylis and Stee Smith edited by The Globalization of World Politics(London: Oxford University Press, 1999), p.195.

또 어떤 이들은 현 국제질서를 특징짓는 통합과 파편화의 이중적 과정이 곧 사회적 안보에 좀 더 주의를 기울여야 할 필요성을 의미하는 것이라고 주장한다. 이들의 견해에 의하면, 유럽지역의 경우 통합의 진전은 국민국가를 단위로 하는 고전적 정치질서를 잠식하는 동시에 국가들이 EU와 같은 보다 큰 정치적 틀에 노출되도록 하는 것이 사회적 안보의 새로운 개념이었다. 그러나 2016년 6월의 영국의 EU 탈퇴(브렉시트, Brexit) 결정 이후 그런 개념이 변화를 보이고 있다. 즉 국민국가라는 고전적 정치질서가 민족주의와 함께 부활하기 시작한 것이다. 그리고 미국에서 도널드 트럼프 대통령이 탄생함으로 미국이 세계의 경찰이라는 위치에서 자국 중심의 고립주의로 회귀하려는 경향을 보이고 있는 것도 큰 변화라 할 수 있다.

한편 소련이나 유고슬라비아처럼 다양한 국가들의 해체는 국경문제, 소수민족문제 등 새로운 문제를 야기하며 국가조직의 이념을 둘러싸고 지역 불안정을 심화시켰다. 이런 현상은 국가뿐만이 아니라 인종과 민족집단이 안보 분석의 초점이 되어야 한다는 주장으로 이어진다.

그런 민족문제 중 최대의 문제 중의 하나는 쿠르드족(Kurds) 문제다. 쿠르드족은 터키·이라크 북부·이란 북서부·시리아 북동부 등 중동 각국에 널리 분포하며 독자적인 국가를 갖지 않는 세계 최대의 민족집단이다. 인구는 2,500만~3,000만 명으로 알려져 있다. 중동에서는 아랍인, 터키인, 이란인 다음으로 인구가 많다.

종교는 대부분이 이슬람교에 속한다. 쿠르드족은 이라크 내에서는 오랫동안 후세인 정권에 의해 박해를 받아왔다. 기타 지역에서도 쿠르드족은 다양한 민족문제를 안고 있어 해결되어야 하는 안보문제가 되어 있다.

한편, 일부 학자들은 1990년대 들어 초기 형태의 지구사회화 탄생으로 국가안보와 국제안보를 강조하는 것이 더는 적절하지 않다고 주장했다. 이들은 '사회적 안보'를 주장하는 이론들처럼 국민국가의 해체에 주목했고 인종-민족적 차원의 사회보다 지구사회에 더 주의를 기울여야 한다고 주장했다. 또한 이들은 20세기 말의 가장 중요한 추세는 광범위한 지구화 과정이라고 지적했다.

그리고 이들은 지구화가 새로운 위험을 동반한다는 것을 인정한다. 이때 새로운 위험이라고 하는 것은 국제금융체제의 붕괴, 지구온난화, 핵사고 등과 관련된 것들이라고 지적했다. 이런 안보에 대한 위협들은 지구적 차원에서 볼 때 국민국가의 통제영역 밖에 있는 것들이다. 따라서 이런 문제들은 지구공동체가 형성될 때 적절한 대처가 가능하다는 것이다.[8] 현재는 다시 EU와 같은 지역공동체의 존재 자체가 흔들리고 있기 때문에 이들의 주장은 반드시 타당하다고 할 수는 없으나 이들이 지적한 지구규모의 문제들이 확실히 존재하고 국민국가의 안보를 위협하고 있는 것이 사실이다.

이처럼 안보의 개념에 대해서는 상반된 견해가 존재한다. 그러

---

8) ibid.

므로 안보의 개념에 대해서는 우리의 인식을 확장할 필요가 있다. 왜냐하면, 현재 안보는 국가안보에서 집단안보와 개인 안보의 개념으로 그 내용이 확대·변화하고 있기 때문이다. 따라서 국가안보 중심이었던 안보에 대한 기존의 인식에 더하여 생활안보로까지 우리의 인식을 넓혀야 한다. 실제, 군사부문에서 정치, 경제, 사회, 환경, 인간안보에까지 그 영역이 수평적으로 확대되는 모습을 보이고 있다. 앞에서 언급한 것처럼 안보의 확보 방법도 개별국가의 독자적 방식보다는 다자협력의 방식을 선호하고 있으며, 안보문제 해결을 위한 참여자도 국제기구를 포함해 지역 정부, 언론 등으로 확대되었다.[9]

3. 안전보장 확보방식의 변화와 비전통적인 안보 이슈들

안보개념의 확대에 따라 국가안보도 여러 가지 차원에서 검토될 수 있다. 여기서는 냉전 종식 이후에 그 중요성을 더해가고 있는 비전통적인 몇 가지 주요 안보 문제를 살펴본 후 안보 확보방식의 변화를 살펴보기로 한다.

---

9) Steve Smith, "The Concept of Security Before and After September 11: The Contested Concept of Security," IDSS Working Paper Series, No. 23, Institute of Defense and Strategic Studies, Singapore, May 2002, p. 10.

1) 비전통적인 안보이슈들의 약진

(1) 경제안보

경제의 세계화로 인해 국제사회는 점차 경제적 이해관계로 갈등을 겪게 되는 경우가 많아졌다. 이는 체제와 이념의 동질성을 기반으로 하던 명분적 국가관계가 실리 차원으로 변화된 데서 기인하다. 냉전기에 경제적 이익을 중심으로 한 국가 간 갈등이 크게 표출되지 않았던 것은 그것이 현실주의적 이익임에도 불구하고 정치·군사적 대결과 경쟁에 가려져 있어서 국제 긴장으로 이어지지 않았기 때문이다. 즉 경제적 이익은 개별 국가들에게 있어서 부수적인 국가이익으로 간주하였던 것이다.

그러나 동북아에서 신 냉전체제의 구축이 시작된 것으로 간주하는 현시점에서 과거 냉전기의 경제인식과 비슷한 인식으로 다시 돌아갈 가능성이 내포되었다.

그러나 탈냉전기에는 20세기의 전략 환경의 축이 이념으로부터 경제적 실리 중심으로 이동했다는 것을 뜻한다. 21세기는 '이념이 지배하는 지정학적 동맹의 시대가 마감되고 경제 중심적 국가전략이 노골화되는 가운데 국가이익의 합치 여부가 동맹의 기준이 되는 시대가 열렸다'라고도 했다. 중국과 사드배치 갈등이 일어나기 전까지만 해도 동북아시아 지역에서 한국과 중국이 냉전적 대결을 청산하고 우호협력 관계로 발전한 것은 바로 21세기 국가전략의 환경이 바뀌었음을 의미했다. 냉전기 혈맹관계라고 하던 한·미동맹이 균열의 조짐을 보이고 있는 것은 바로 국가전략의 축이 이념에서 경제적 실리로 변화되었음을 의미한다. 그러나 현재는 신냉전 구조가 부활하고 있고 한편 경제면에서는 탈냉전기의 경제적 갈등이 그대로 남아 있는 과도기적 상황이다.

그리고 기본적으로 경제력이 뒷받침되지 않는 군사력은 존재할 수 없다는 사실은 구소련의 예에서도 나타났다. 오래전부터 경제력은 국가의 전반적인 힘과 위상을 유지하는 데 매우 중요한 요소의 하나로 간주하여 왔으며, 이에 따라 경제와 안보는 밀접히 연계되어 왔었다. 경제력이 한 국가의 국력을 결정한다고 보는 관점은 최근의 일이 아니다. 즉 경제력과 국력과의 관계는 중상주의 이래로 국력의 기초로 인식되어 왔다. 경제력은 여러 면에서 국가의 힘을 뒷받침하고 있다.

경제적 측면에서 안보개념의 중요성을 인식시켜준 초기의 사건은 1970년대 석유 위기였다고 볼 수 있다. 즉 경제적 상호의존 등의 영향으로 국제관계에서 경제적 이해관계의 중요성이 증가하면서 안보 아젠다에 경제문제를 포함하는 포괄적 안보(comprehensive security)개념이 나타났다. 한 국가의 안보는 군사력만으로 평가될 수 없다는 전제하에 군사적인 문제와 함께 경제적 생존력, 정치적 안정성 등을 국가안보를 유지하기 위한 중요한 가치로 인식하게 되었다. 냉전 종식 후에는 한때 군사적인 위협이 상대적으로 감소한 반면, 경제적 위협에 대한 관심이 증가하면서 경제안보가 중요한 안보영역의 하나로 자리를 잡았다.

이런 주장의 논거를 보면, 수출에 대한 제재, 통화가치에 대한 원치 않는 압박, 외환위기, 부채의 지불불능 등과 같은 경제적 위협은 국가의 경제적 기반을 악화시킬 뿐만 아니라 그 결과가 정치 · 군사 분야로 쉽게 확대되어 안보에 위험을 초래할 수 있다는 것이다.[10]

딕슨(Homer Dixon)의 주장에서도 경제안보의 중요성을 찾을 수 있다. 즉, 딕슨은 한 국가의 결핍과 빈곤이 내적 갈등의 원인이 될 뿐만이 아니라 국가 간 긴장으로 확산한다고 주장한다. 그러한 예는 1980년대 세네갈과 모리타니아와의 관계에서도 잘 나타났다. 농지를 둘러싼 분쟁이 인구 압력과 결부되면서 모리타니아 접경 세네갈 리버벨리의 소수 집단 간 및 인종 간 폭력으로 이어졌다. 이 분쟁은 두 나라 간 전쟁으로까지 발전하지는 않았으나, 심각한 외교적 긴장을 초래하여 경제적 독립의 중요성과 그와 관련된 갈등의 소지를 보여주었다.

한편, 경제적 압력은 국가 내부의 사회적 긴장을 조장하기 때문에 국제안보에 대해 시사하는 바가 적지 않다. 국가 간 대규모 이주 집단 간에서는 정체성을 둘러싼 갈등이 발생한다. 가장 심각한 사례 중의 하나는 방글라데시에서 인도 북동부로의 인구 이동이었다.[11]

---

10) Barry Buzan, 1991, pp.123-31.

11) T.F. Homer-Dixon, "Environmental Scarcities and Violent Conflict:

한편, 국가 차원에서 본 경제와 안보와의 관계를 보면, 경제는 전통적으로 인식됐듯이 국력의 수준을 유지하는 데 필요한 자원과 금융, 시장의 접근 등과 관련이 있다. 앞서 언급한 바와 같이 한 나라의 군사력을 뒷받침하는 것은 다름 아닌 경제력이다. 또한 경제력이 없이는 전반적인 국가의 힘과 위상을 유지하기 어렵다. 상식적인 수준에서 생각해보더라도 경제는 분명히 국가를 온전히 보전하는 중요한 안보중 하나인 것이다.

구체적으로 경제가 안보의 영역에서 중요하게 다루어질 수밖에 없는 것은 다음과 같은 몇 가지 국가적 차원으로 언급할 수 있다. 첫째는 경제발전의 차원이고 둘째는 국제사회에서의 경쟁력의 문제이며 셋째는 안정의 차원에서 경제력이 필요하다.

우선, 경제발전의 차원에서 보면 한 국가의 군사력은 그 나라의 경제력에서 비롯된다. 국제정치에서 국가적 힘이란 경제력과 군사력을 말하지만, 그것을 바탕으로 한 국가안보는 외교정책의 주된 목표로 존재한다. 구소련과 미국의 비교에서도 찾아볼 수 있듯이, 진정한 의미의 강대국은 경제적 발전을 기반으로 한 군사력을 보유하고 있다. 구소련의 경우 군사력의 수준은 미국과 비슷했지만 경제력은 미국에 비해 매우 열세했다. 결국, 두 나라의 경제력의 차이는 현재의 러시아와 미국의 차이로 그대로 이어졌다.

현재의 북한을 봐도 경제안보가 중요하다는 것을 알 수 있다. 북

Evidence from Cases," *International Security* 19(1) 1994, p.18.

한은 2012년까지 강성대국, 즉 경제대국을 건설한다며 평양을 전시용으로 근대화해 왔다. 그리고 군사대국을 표방하면서 핵무기와 미사일을 개발해 왔다. 그러나 핵문제에 있어서 국제협의를 위반하여 UN을 중심으로 한 국제사회의 경제제재를 오랫동안 받아왔다. 그러므로 경제적으로는 계속 약해질 수밖에 없는 북한에서 탈북자들이 끊이지 않고 있는 것이다. 2016년 3월 말 현재 한국 내의 탈북자의 총수는 2만 9,137명으로 집계된다. 북한도 상층부까지 경제적으로 버티기 어려워지면 구소련처럼 붕괴할 수밖에 없다. 그러나 중국 같은 나라가 계속 도움을 주면 북한이 버틸 수 있는 기간은 계속 장기화된다. 그리고 북한의 붕괴는 한국에 대한 또 하나의 위협요인이 되므로 북한이 경제적으로 붕괴하는 것이 좋은 일이라고만 볼 수 없다.

한 나라가 국제정치의 여러 분야에서 경쟁력을 가질 수 있는 기본조건 역시 경제와 관련이 있다. 즉 개별국가의 기술발전 및 경쟁력은 경제력에 의해 지속 가능하기 때문이다. 한편, 경제력이 안보문제로서 중요성이 있다는 얘기는 개별국가의 경제가 얼마나 안정되어 있느냐에 따라 그 나라의 정치, 사회적 안정과 혼란 여부가 결정된다는 얘기가 된다. 즉, 개별국가의 경제위기는 정치, 사회적 불안정으로 이어질 가능성이 크며, 경제적으로 발전된 국가일수록 정치발전과 사회가 안정적일 가능성이 크다.

그러나 경제력의 성장이나 발전의 정도가 반드시 정치와 사회 안정을 가져온다고 볼 수는 없다. 경제력과 정치 및 사회 안정의 정도는 다소 지역에 따라 다른 특성을 보이는 경우도 있기 때문이다. 즉, 경제력이 정치발전 또는 안정의 절대변수는 아니라는 것이다. 다만, 대부분 국가의 경우 경제발전이 정치발전이나 안정을 유도하는 경우가 많다는 점에서, 한 국가의 경제발전 정도와 정치 및 사회 안정의 정도와 연계하고 있는 것이다.

경제의 세계화, 글로벌화의 진전은 국제경제를 하나의 거대한 덩어리로 묶어 놓게 되었고, 이 과정에서 국가 간에는 경제적 이해 관계를 중심으로 협조와 갈등을 반복하게 되었다. 물론 영국의 EU 탈퇴와 미국 측 경제정책의 변화가 변수가 되어 앞으로 경제의 글로벌화가 멈출 가능성이 있으나 이미 만들어진 글로벌 경제는 한 동안 그 영향력을 지속시킬 것이다.

한편, 개별 국가의 대내적 안정 차원에서도 경제안보는 중요성을 지닌다. 한 국가의 대내적 경제위기가 그 나라의 정치적, 사회적 혼란을 낳거나 그 지역의 불안정으로 확대되는 일은 최근에 흔히 볼 수 있는 사례들이다. 경제의 글로벌화라는 것이 주로 무역, 금융의 영역에서 국가 간 상호의존 관계를 크게 심화시키고 있기 때문이다. 국가 간 상호의존과 관련하여, 세계화는 확실히 국가 간의 경제적, 환경적, 사회문화적 상호의존의 증대를 가져왔다. 이는 인위적인 장벽을 완화하고 새로운 국제관계의 동학을 배태시킨다.[12] 이런 연계성으로 인해 한 국가의 경제위기는 다른 국가에

---

12) Daniel H. Deudney, "The Philadelphian System: Sovereignty, Arms Control, and Balance for Power in the American States-Union, circa 1787~1861,"

직접적인 영향을 미치게 된다.

북한과 같이 국제경제 시스템에서 소외되어 있는 일부 국가들을 제외하면, 이제 어느 국가도 외부적인 경제 혼란 및 위기로부터 안전할 수 없다. 1990년대 후반기 동아시아의 경제 상황을 회고해 보면, 동아시아는 1997년 여름 무렵부터 금융위기를 맞았으며, 이후 역내 경제는 심각한 타격을 입었다. 2000년 여름 무렵 이런 위기로부터 회복은 되었다고는 하지만 이 시기의 경제적 재앙이 낳은 사회정치적 파급효과는 현재까지도 계속되고 있다.[13] 국제경제가 하나의 시스템으로 움직이고 있는 오늘날의 현실을 감안할 때 개별 국가들이 인식하는 경제안보는 전통적인 군사안보 이상으로 중요하게 취급되어야 할 것이며, 이를 위한 국가들 간의 치열한 경쟁이 불가피할 것으로 전망된다.

개별국가의 경제력 변화는 곧 국가 간 권력배분을 변화시킨다. 국가 간의 힘의 배분에서 급격한 변화는 국가 간 화해협력 보다는 갈등을 증폭시킬 가능성이 크다. 이런 가능성은 오간스키(A.F.K. Organski)의 힘의 전이(轉移)이론에서도 찾아볼 수 있다. 오간스키는 국가 간의 힘의 분포상태로 국제정치시스템의 상태를 설명했다. 그는 특히 전쟁의 원인을 국제정치구조의 변화에서 찾고 있다. 국제사회는 주권국가들로 구성되어 있으며, 각 국가는 힘의 크기에

International Organization, Vol. 49, No. 2(Spring 1995), pp. 191~228.

13) 길핀(Robert Gilpin)저, 고현욱 옮김, 『지구촌 정치경제』(서울: 인간사랑, 2005), p. 494.

따라 최강의 지배국가로부터 가장 약한 종속국가에 이르기까지 계서(階序)적으로 위치하고 있다.

그는 전쟁이 국제정치질서를 지배하는 요소로 본다. 전쟁은 기존의 강대국과 그 지배권에 도전하는 신흥강대국 간의 지배권 쟁탈전의 형식으로 일어난다고 그는 보았다.[14] 오간스키는 세력균형 이론을 역사의 한 시점에서 국제정치시스템을 다루는 정태(靜態)적 이론으로 규정했지만, 힘의 전이이론(the power transition theory)에서는 시간의 흐름에 따라 변하는 국가 간의 힘의 분포상태 변화가 전쟁의 원인이 된다고 주장했다.[15]

오간스키의 전이이론은 크게 3가지 전제를 바탕으로 하고 있는데, 첫 번째 전제는 국제정치사회를 무정부 상태로 간주하고 국제정치사회를 주권국가들의 제도적 제약이 없는 자율행위 무대로 간주한다. 이런 견해는 고전적 국제정치 이론의 전통적 정치관이기도 하다. 그는 국가주권이야말로 이론상 그 이상의 어떤 권위도 인정하지 않는 최상위의 권위이고, 주권국가들의 집합으로 이루어진 국제정치사회는 어떠한 초국가적 권위도 작용할 수 없는 무정부 상태로 간주한다.

두 번째 전제는 국제정치질서란 그 시점에서 가장 강한 국가와

---

14) 이상우, 『국제관계이론』(서울: 박영사, 2001), pp. 230~231.
15) A.F.K. Organiski, *World Politics*, second edition(New York: Alfred A. Knopf, 1968), pp. 338~360.

그 국가를 지지하는 국가들이 힘으로 유지하는 것이다. 그런 질서는 최강의 지배국에게 가장 큰 이익을 주도록 되어 있기 때문에, 모든 나라는 가능한 한 국력을 늘려 위계적 국제정치구조의 최상계층에 올라서려 한다는 것이다.

세 번째 전제는 개별국가들의 국력은 시간에 따라 변화한다는 것이다. 국가 간의 힘의 차이의 가변성이야말로 힘의 전이이론의 핵심인데, 힘의 전이를 가능하게 해주는 것이 바로 '경제'라고 오간스키는 주장한다. 여기서 힘의 전이이론은 경제력 성장으로 지배권을 가진 강대국과 강대국의 지배를 받던 국가 간의 지위의 전복, 그리고 이에 따르는 국제정치질서의 변경을 상정하고, 바로 이런 변화가 전쟁의 원인이 된다고 그는 주장했다.

최근 중국의 초강대국 부상론과 위협론은 바로 이런 세력전이이론에 기초를 두고 있다. 현재 급격한 성장세를 보이는 중국의 경제력, 광대한 영토와 엄청난 인구, 이런 요인들은 향후 산업화를 통해 거대한 힘을 가질 가능성이 크다는 점에서 국제사회에서 힘의 전이 현상이 발생할 수도 있다고 보는 것이다.

오간스키의 세 번째 전제가 바로 경제적 측면에서의 안보인식의 개념과 관련이 있다. 오간스키는 국력의 변화와 관련하여 힘의 3대 요소를 '부와 산업능력', '인구', '정부조직의 효율성'이라고 했다. 이세 가지의 증가가 국력을 신장시켜 준다고 보았다. 특히 산업능력의 증강이 국가의 힘을 신장시키는 동력이 된다고 보았다. 산업화가 진행되면 인구가 증가하고, 경제 수준도 높아져 결과적으로 정부의 효율성이 증가하게 될 것이라고 보았다. 최근의 중국의 경제적 부상과 중국 위협론은 바로 이와 같은 오간스키의 힘의 전이이론에 설득력을 제공하고 있다.

한국의 경우 오간스키의 논리로 볼 때 크게 개선해야 하는 요소는 세 번째인 '정부조직의 효율성'이라고 할 수 있다. 한국의 경우 정경유착으로 상층부에 비리가 많은 구조를 갖고 있다. 그런 비리가 국가조직의 효율성을 항상 희생시키고 그로 인해 국가의 성장을 침체시킨다. 그로 인해 국민들의 근로의욕이 상실되어 국민들의 정신에도 매우 부정적인 영향을 준다. 2016년에 일어난 최순실 게이트는 그런 정경유착에다 비선 실세가 국가 수뇌부의 정신을 교란시킨 매우 심각한 사건이었다. 대통령이 탄핵당하였고 결국 권력의 공백으로 국가는 경제적으로도 어려움에 처했다.

한국에서는 고질적인 한국형 권력 비리가 없어지지 않는 한 한국의 국력의 극대화에는 한계가 있을 수밖에 없다. 한국은 그 내부에 국가의 경제안보를 위협시키는 요소가 숨어있기 때문에 그것을 청산하지 않으면 앞으로 경제안보 차원에서 국가적 위기를 맞을 우려가 항상 존재한다고 봐야 한다.

(2) 환경안보

오늘날 환경문제를 국가안보의 범주에 포함해야만 하는가의 문제는 논란의 여지가 없다. 즉 환경문제는 중요한 국가안보의 하나라는 얘기다. 환경위협은 전통적인 안보개념을 구성하는 안보들과는 달리 위협 수단과 위협대처의 방법도 서로 다르다. 전통적인 국가안보 개념은 국가 중심의 군사안보 의제에 기초하고 있다. 이런 관점에서는 국가안보(national security)의 개념과 안보(security)의 개념 간에 차이점이 없어지기 때문에 환경악화는 분명 국가안보의 사안이 아니다.

그러나 안보의 개념이 인간의 삶과 관련된 모든 것으로 더 폭넓게 정의하면, 환경안보는 안보개념의 범주에 들어가게 된다는 것을 알 수 있다. 문제는 국가안보와 환경안보 사이에 분명한 구분을 둘 수 없다는 점이다. 환경안보는 "최소한 전통적인 국가 중심의 안보 의제와 거리를 두는 점에서만큼은 '상식'에 도전하고 있지만, 이 거리가 항상 분명하지는 않다"는 것을 염두에 두어야 할 것이다.[16]

국제정치 현실을 이해하는데 있어서 환경문제에 초점을 둔 국제정치 학자들은 그들의 연구 영역을 군사 안보문제와 환경과의 관계를 체계적으로 연구하는 분야로까지 확대했다.[17] 즉 그들은 환경분쟁을 국제분쟁의 한 근원으로 인식하고 있는 것이다. 우리들은 환경파괴가 어떻게 수많은 국가들 간에 공공재 문제를 야기하는지, 그리고 영토와 자원을 둘러싼 경쟁이 어떻게 국가들 사이에 갈등을

---

16) 현인택, 『동아시아 환경안보』(서울: 도서출판 오름, 2005) 참조.
17) Daniel H., Deudney & Matthew A. Richard, eds. Contested Grounds: *Security and Conflict in the New Enviornmental Politics*(Albany: SUNY Press, 1999) 참고.

일으키는지 잘 알고 있다.

환경문제가 국가 안보의 핵심으로 등장하게 된 것은 크게 두 가지 요인과 관련이 있다. 우선 세계의 산업화와 기술발전은 기능주의[18]적 경제통합과 국제통신망의 발전을 매개로 국가 간 상호의존성을 심화시켰다.

기능주의와 관련하여, 미트라니는 이런 가정에 따라 다음과 같은 두 개의 명제를 통하여 기능주의를 구체적으로 설명하고 있다. 즉, 어떤 형태로든지 상호작용을 하는 사회 사이에 기능적인 상호의존관계가 생기면 공통의 통합 이익이 생겨나고, 이 공동이익은 두 사회를 불가분의 관계로 만들며, 이는 통합을 촉진하는 주된 요인이 된다는 것이다. 또한 한 차원에서 이루어지는 기능적 협조관계는 또 다른 차원에서의 협조관계를 창출할 수 있다는 것이다.

또한 산업화는 그것이 세계의 자연환경에 미치는 충격을 통해 또 다른 방식으로 국가 간 상호의존을 심화시켰다. 이에 따라 어느 한 국가의 행위는 다른 국가의 천연자원과 환경혜택에 대한 접근방식에 일상적으로 영향을 미친다.[19] 환경문제는 산업화의 결과로써, 이는 오늘날 선진국을 비롯한 저개발국 모두에게 중요한 해결과제가 되고 있다. 환경의 영향은 여러 분야에 걸쳐 장기적으로 나타나

---

18) David. Mitrany, "The Functional Approach to World Organization," *International Affairs*, XXXIV(1948), p. 359.

19) KaKonen, Jyrki, ed, *Perspectives on Environmental Conflict and International Politics*(London: Pinter, 1992).

며, 한 지역에서 다른 지역으로 쉽게 확산하기 때문에 국제환경정치는 어려운 공공재 문제를 일으킨다. 지속 가능한 환경은 본질적으로 하나의 공공재이며, 국가들 간에는 그러한 공공재를 공급하는데 따르는 비용문제를 놓고 협상을 벌이게 된다. 협상이 결렬되는 경우 이는 국가 간 갈등과 충돌로 이어지게 된다는 점에서 국제분쟁 요인이 되고 있다.

한국의 미세먼지 문제는 이제 큰 환경문제가 되었을 뿐만이 아니라 한국인전체의 건강을 위협하는 심각한 국가안보 위협요인이 되었다. 한국 내외에서 생산되는 미세먼지가 한국인의 생명을 위협하고 있는 것이다. 이것은 환경안보의 좋은 예라 할 수 있다. 미세먼지와 스모그로 사망자가 발생한 사건으로 유명한 것은 1952년12월 4일에 일어난 런던 스모그 사건이다. 당시 런던에서는 가정이나 공장에서 연료로 주로 사용한 석탄의 연소로 아황산가스가 대량으로 배출되어 매우 짙은 스모그가 발생했다. 스모그 현상은 12월10일까지 계속되어 런던 시민은 호흡 장애와 질식 등으로 사건 발생 후 첫 3주 동안에 약 4,000명이 사망했다. 그 후에도 만성폐질환으로 8,000명 이상이 사망하여 총 1만 2,000명 이상이 목숨을 잃었다. 스모그로 인한 과거 최대의 환경 사고였다. 중국의 북경 등 일부 지역과 한국은 미세먼지로 인한 환경문제는 국가안보를 위협하는 수준이 되어 있다.

환경문제는 1980년대에 이르러서야 국제협상과 국제관계의 중요한 이슈가 되었다. 환경에 대한 제도적 관심은 1970년 환경보호주의자들에 의해 첫 '지구의 날'의 행사가 개최된 이후 급속하게 퍼져갔다. 특히 1970년대 에너지 위기는 국내 에너지 자원이 부족한 산업국가에서 환경문제를 더욱 부각하는 계기가 되었다. 또한 오일 유출 사고, 대기오염, 해양오염 등의 문제는 환경문제를 국제적인 논의 대상으로 만드는 결정적인 계기가 되었다. 국제환경문제에 관한 국제적 차원의 회의는 1972년 스웨덴에서 개최되었다. 당시 회의에서는 한 국가의 행위가 다른 국가에게 환경피해를 주어서는 안 된다는 일반원칙이 채택되었으며, 환경피해의 국제적 관심이 촉구되었다.

이처럼 환경문제가 국가 간의 갈등을 일으킨다는 것은 환경이 인간 삶에 미치는 영향을 설명하는 데 부족함이 없다. 말하자면, 인류의 대재앙을 몰고 올 수 있는 것은 단지 핵무기와 같은 대량살상무기를 통한 국가 간 무력충돌만이 아니라는 것이다. 산성비의 문제, 황사, 오존층 파괴, 해양 및 토양오염, 지구온난화 등은 국가 간 무력충돌 이상으로 더 큰 재앙을 불러올 수 있다는 사실은 그동안 우리가 경험했던 대규모 재앙을 통해서 충분히 입증되었다. 또한 조류독감에서도 볼 수 있듯이 대륙을 넘나드는 바이러스의 이동 등으로 인해 환경이 국가 안보의 핵심 요소가 되고 있다는 것은 전혀 새롭고 놀랄만한 일이 아니다.

지구 온난화에 의한 기후변화 문제는 다른 지구환경 문제와는 그 규모와 파급력이 전혀 다른 심각한 문제이다. 지구 온난화는 이

산화탄소가 지표에서 대기로 다시 방사되는 적외선을 흡수, 온실의 유리지붕과 같은 역할을 하게 되어 지구 표면의 온도가 올라가는 현상이다. 그 결과 지구의 해수면이 높아져 바닷물에 침수되는 지역이 넓어지고 각종 기상이변이 나타난다. 지구온난화를 촉진하는 이산화탄소를 비롯한 다른 가스들을 규제하는 것은 어렵고, 그 경제적 비용은 엄청나서 문제 해결을 위한 노력들이 성과를 거둘 수 있을 것인가에 대해서는 비관론이 지배적이다.

카이로의 천연자원연구소는 2005년 환경재앙으로 삶의 터전을 잃고 떠도는 '환경난민'의 수를 3000만 명으로 추산하고 있다. 방글라데시에서 가장 큰 보흘라 섬은 1965년 면적이 6400㎢였다. 그러나 해수면 상승과 침식작용으로 면적이 절반으로 줄어들었다. 지난 50년간 전 세계에서 사막화로 인해 삶의 터전을 떠난 인구는 약 1억 3500만 명으로 추산된다. 현재 전 세계적으로 문제가 되는 조류인플루엔자는 환경문제가 국경의 경계를 허물고 있음을 보여주는 분명한 예가 되었다.

2015년 한국에서는 신종 감염병 메르스(MERS ; 중동호흡기증후군) 사태로 186명이 확진을 받았고 그중 38명이 사망했다. 2015년 5월에 중동에서 귀국한 한국인이 전염시킨 것이었지만 한국 정부의 대응이 늦어짐에 따라 사태는 심각해졌고 1만 6,000명이 격리되었고 메르스 사태로 인한 경제적 손실이 막대했다. 한국 정부가 환경안보에 약하다는 것을 보여준 전형적인 사건이었다.

환경문제가 국제정치의 핵심 주제로 떠오른 것은 비단 최근의 일만은 아니다. 정확히 말하자면, 인구의 증가가 지구의 생태계에 어떠한 영향을 미칠 것인가에 대한 문제는 이미 맬더스(Thomas Robert Malthus)의 인구론(1798)이 등장한 이후 인류의 관심사가 되었다고 볼 수 있다.

맬더스는 (1) 인구는 기하급수적으로 증가하지만 식량은 산술급수적으로밖에 증가하지 못한다, (2) 인구가 계속 증가함에 따라 생활 자원이 지속적으로 부족하게 되어 인류는 중대한 빈곤 문제에 직면하게 된다, (3) 따라서 인구를 현상 유지하기 위해 결혼연령을 늦추고 출생률을 낮출 필요성이 있다고 주장했다.

맬더스의 이론은 그대로는 적중되지는 않았으나 인구와 환경의 문제가 국제정치의 본격적인 이슈가 된 것은 선진산업국가들이 인간다운 삶에서 환경이 얼마나 중요한가를 인식했을 때부터라고 할 수 있다. 지난날 양적 성장에만 몰두했던 현재의 서구 선진국에서는 이제 환경이라는 새로운 문제에 관심을 보이고 있다. 이는 물질적 풍요를 위한 인간의 무분별한 욕심이 얼마나 심각한 환경훼손을 일으키는지를 인식하고 있다는 증거이기도 하다.

흔히 환경문제와 관련하여, 중국을 세계의 환경오염 공장으로 비교하고 있다. 중국의 산업화로 인한 주변국의 환경오염 피해는 특정국가의 급속한 산업화와 무분별한 개발이 얼마나 치명적인 결과를 가져오는지를 보여주는 좋은 예가 되고 있으며, 중국은 현재 주변국을 비롯한 선진국들과도 환경문제와 관련하여 계속되는 갈등을 겪고 있다. 현재 한국이 겪는 황사 피해로 인한 한·중 양국

간 갈등은 말할 것도 없다. 또한 중국은 미국과 수은 전쟁을 벌였으며, 이와 관련하여 2001년 미국은 기상 측정 항공기와 연구팀을 동북아지역에 파견했다. 조사결과 중국의 수은은 대만과 일본을 포함해 한반도와 태평양으로까지 펴져 가고 있다는 것이었다.[20]

미국의 입장은 수은으로 인한 대기오염에는 국경이 없음을 강조하고, 중국이 배출한 수은이 미국 연안에서도 검출된다고 중국을 공개적으로 비난했다. 이에 대해 중국은 지구 대기층의 오염물질이 어느 나라에서 나왔는지 모르는 일이라며, 오히려 미국 내 화력발전소에서 수은이 나온 것이 아니냐며 미국의 주장을 반박했다.

환경문제가 국제 갈등의 원인이자 중요한 국제안보가 된다는 사실은 교토 의정서에 관한 주요 국가들의 입장을 통해서도 확인되고 있다. 주지하다시피 교토의정서는 1992년 지구온난화 방지를 위한 기후변화협약이 채택된 이후, 1997년에 채택되었다. 2004년 초를 기준으로 약 120여개국이 교토의정서를 국내적으로 승인했다. 그러나 온실가스 배출량이 국제적으로 가장 큰 미국이 불참한 관계로 2004년 초에는 교토의정서는 발효되지 못했다. 의정서가 발효되기 위해서는 의정서 협약 당사국 120개국 가운데 55개국 이상이 비준서를 기탁해야 한다. 온실가스 배출량이 전 세계적으로 가장 많은 미국의 기탁 거부로 의정서는 발효되지 못했었다.

교토의정서는 2004년11월 러시아가 의정서를 국내적으로 승인

---

20) 『중앙일보』, 2006. 4. 24.

하고 기탁함으로써 2005년12월 교토의정서가 발효되었다. 이 의정서는 2008년부터 2012년까지의 온실가스 배출량 감축의무를 지는 국가들에 대해 법적 구속력 있는 가스 배출량 목표를 포함했다.

2012년 카타르 도하에서 열린 제18차 UN기후변화협약 당사국총회에서는 2013년부터 2020년까지 8년간을 제2차 감축공약 기간으로 설정하고, 온실가스를 1990년에 비해 25~40% 감축하기로 합의했다. 의무감축 대상국은 유럽연합과 오스트레일리아, 스위스를 비롯한 37개국이며, 미국·러시아·일본·캐나다 등 전세계 배출량의 절반 이상을 차지하는 주요 국가들이 불참했다. 한국은 1차 때와 마찬가지로 개발도상국으로 분류되었으나, 자발적으로 선진국과 마찬가지로 온실가스를 감축하기로 했다. 2008~2012년까지의 1차 공약 기간이 각국 의회의 승인을 받아 법적 구속력을 가졌지만, 2013~2020년까지의 2차 공약 기간은 각국 정부 차원의 약속으로 법적 구속력이 없는 차이점이 있다.

이 개정안이 발효하려면 체약국(192개국)의 4분의 3(144개국)이상이 국내 승인절차를 완료할 필요가 있다. 2016년 7월 현재 66개국이 국내승인을 마쳤을 뿐이기 때문에 아직 발효하지 못하고 있다.

중장기적으로 전 지구의 온실가스 배출량 증가의 상당 부분은 개도국으로 인한 것이며, 교토의정서 목표 달성을 위해서는 개도국들의 배출량 제한이 필수적이라는 인식이 확대되고 있다. 그러나 개도국들은 선진국들이 우선적으로 교토의정서 목표를 이끌고

달성해야 한다고 주장한다. 이런 대립은 큰 틀에서 보았을 때 환경과 개발, 적응과 저감(低減)의 논의 구도에서 비롯된 것이라고 볼 수 있다.

다시 말하면 환경 문제가 과학적 차원에서 논의될 때 의정서에 관한 선진국과 개도국 간 합의도출이 용이하지만 경제적인 차원에서 살펴보면 경쟁 심화로 승자와 패자가 발생할 수 있다는 점에서 국가 간 갈등이 불가피하다.[21] 실제 현재의 대다수의 아프리카 국가 및 저개발국들은 빈곤을 기후 취약성과 연계시켜 개발이 건전한 환경 관리에 달려 있다는 점을 주장하고 있다.[22]

(3) 자원 및 에너지 안보

자원 및 에너지 안보는 경제안보의 주요 구성 요소 가운데 하나로서 일국의 경제가 지속 가능한 발전을 추구하는 데 있어 요구되는 에너지를 확보하는 것으로 정의된다. 여기에는 물량의 적정성, 가격의 합리성 및 공급원의 신뢰성 등이 중요 요소로 작용하게 된다.[23]

인간의 생존유지에 필요한 것들 가운데 무한정 공급받을 수 있

---

21) "네이버 지식백과" : 교토의정서[Kyoto protocol, 京都議定書]
22) 이재승, "교토의정서 발효의 의의와 전망," 외교안보연구원 편, 『주요국제문제 분석』(서울: 외교안보연구원, 2005), pp. 249~262.
23) 이동휘, "국제 고유가 동향과 한국의 에너지안보," 외교안보연구원 편, 『주요 국제문제 분석』(서울: 외교안보연구원, 2005), pp. 324~325.

는 것은 하나도 없다. 현재와 같은 에너지 소비, 식량 소비가 계속될 경우 머지않은 장래에 우리 인류는 여러 부분에서 성장의 한계에 도달하고 말 것이다. 우리 삶을 영위하는 데 필요로 하는 여러 자원들이 무한정 공급될 수 있는 자유재라면 우리 인류는 이런 것들을 두고 국가 간 또는 집단 간에 경쟁과 갈등을 일으키지 않을 수 있다. 그러나 문제는 이런 것들이 한정적이라는 점이고, 이로 인해 여러 가지 국제분쟁이 발생하고 있으며, 때에 따라서는 대규모 전쟁과 인명 피해를 가져오기도 한다는 것이다. 최근에 발생한 강대국과 약소국간 갈등은 대부분은 이런 자원을 중심으로 하여 벌어지고 있으며, 강대국은 목표달성을 위해 전쟁이라는 극단적인 수단을 동원하고 있다. 미국과 이라크와의 전쟁, 1991년의 걸프전은 이런 자원쟁탈 및 확보적 성격이 강하다는 점에서 자원 및 에너지는 새로운 국가 갈등의 원천이라고 할 수 있다. 물론, 이런 갈등을 다른 관점에서도 이해할 수 있으나, 1990년 이후 이라크를 중심으로 벌어진 두 번에 걸친 전쟁은 명백히 자원 쟁탈전적 성격을 띠고 있다는데 의심의 여지가 없다. 미국은 2010년경을 분수령으로 전개될 것으로 예상하고 있는 석유자원 부족현상에의 대비와 미래의 전략적 경쟁세력으로 간주되고 있는 중국에 대한 실효성 있는 견제 및 러시아와의 에너지 동맹 추구 등을 고려한 석유에 대한 안보전략 차원에서의 접근이 두드러지고 있다.

미국의 대중동 정책은 이런 측면에서 충분히 이해될 수 있으며, 미국의 세계전략 전개는 안보벨트와 석유벨트가 중첩되어 가는 양상이 노정되고 있다. 이런 미국의 전략변화는 주요 산유국들의 대응적 변화를 초래하게 되어, 전반적으로 석유자원의 전략무기화 경향을 고조시키는 파급효과를 낳고 있다. 이런 파급효과는 동시에 개별 국가들로 하여금 자원민족주의를 고취했다.

이와 같은 사건에서도 볼 수 있듯이 오늘날 석유와 같은 에너지 자원은 새로운 개념의 안보로 간주하고 있다. 한편, 에너지와 자원의 안보는 어느 정도 일국을 대상으로 하는 그런 개념이라고 할 수 있다. 일반적으로 안보라는 말 자체가 국민국가를 중심으로 사용되는 개념이기 때문이다. 따라서 그 앞에 에너지 또는 식량 자원에 안보라는 수식어가 붙는 개념들도 당연히 국민국가에 적용되는 것으로 보아야 한다.

식량 안보나 에너지 안보는 군사적인 면에 한정되던 안보가 식량과 에너지로 확장된 것이다. 특히 이와 같은 자원안보는 인간생존에 필요한 식량과 현대산업사회 유지에 필요한 에너지의 타국 의존도가 높아짐에 따라 점차 개별국가들의 관심이 모아진 것이다. 에너지 안보에 대한 시각은 수요와 공급을 중심으로 시장의 기능에 초점을 맞추는 경제적 관점과 에너지를 공공재로 파악하고 이의 확보에는 국가의 개입이 불가피하다는 정치적 관점이 병존하고 있다. 그러나 이와 같은 논의와 관련해서는 일반적으로 경제적 관점을 넘어 현재는 정치적 관점을 포함하는 것으로 확대·재정립되고 있다.

앞서도 살펴본 바와 같이 안보라는 것은 특정 국가가 외국의 침략을 받았을 때 그것을 방어할 능력을 제대로 갖추었느냐를 따지는 것이다. 군사적인 방어능력을 갖추지 못한 상태를 흔히 안보가 확보되지 못했다고 한다. 식량이나 에너지와 같은 자원의 경우만을 보더라도, 자국민에게 필요한 식량의 상당 부분을 외부 원조나 수입에 의존해야 한다면, 이때 우리는 '식량 안보'라는 말을 사용하게 된다. 에너지의 경우도 이런 경우와 크게 다르지 않다. 인간 생존에 필수적인 식량과 같은 자원으로써의 의미를 지니고 있기 때문이다. 이처럼 생존에 필요한 자원들이 어떤 계기로 공급이 막혔을 때 사회전체의 기능이 마비되는 것은 자명한 일이다. 그러므로 식량과 같은 생존에 필수적인 자원과 산업발전의 원동력이 되는 에너지는 한 나라의 안보문제로 간주하는 것이다.

현재의 국제사회는 에너지를 비롯한 자원안보 경쟁과 협력이 병존하고 있다. 오늘날 에너지 공급의 주된 원천이 되는 석유나 천연가스 등을 다량으로 보유한 국가들은 에너지 산업에 국가 통제력을 강화하고 있으며, 이를 토대로 에너지 및 자원을 대외정책적 수단으로 활용하고 있는 실정이다. 이런 점에서 에너지나 자원의 문제는 경제적 이슈 차원을 넘어 중요한 국가 안보문제로 다루어지고 있다.

비산유국의 경우 원유가 급등하면 국가경제와 국민 살림살이가 어려워지면서 경제발전을 위한 에너지 보급선 확보에 비상이 걸린다고 해도 과언이 아니다. 석유와 같은 에너지 공급의 해외의존도가 높은 국가의 경우 국제정세에 따라 에너지 공급에 차질이 발생하는 경우가 많다. 이에 대비하기 위해 각국은 에너지 위기에 효

율적으로 대처하기 위한 에너지 및 자원정책에 심혈을 기울이고 있다.[24)]

현재 국제사회는 에너지 부문에서 국제 에너지 수급체계의 재편 움직임이 가시화되고 있다. 미국의 이라크 공격은 이라크의 대량살상무기 파괴라는 허위 명분을 내세워 국제 에너지 통제권을 장악하기 위한 첫 시도였다. 2006년 당시 미국의 조지 부시 대통령은 "미국의 석유중독"은 "세계의 불안정한 지역에 대한 의존도를 높인다"라고 위기감을 표명했고[25)] 그 대책의 일환으로 이라크 전쟁을 감행한 것으로 판단된다.

한편, 중국의 급속한 산업성장과 경제력 성장은 에너지 소비량을 한때 크게 증가시켰으며, 이에 따른 에너지 소비량 증가로 동북아에서 자원 확보 경쟁이 치열해졌다.[26)] 이런 에너지 수급체계의 재편 움직임은 미국이 9·11 테러사태 이후 세계경영전략의 일환에서 추진하고 있는 것으로 보인다.

한 사례로 미국은 2000년에 미국에 대량으로 매장되어 있는 '셰일가스(shale gas)'를 기존의 천연가스를 대신할 목적으로 대량으로 생산하기 시작했고 2013년 2월 미국에서의 천연가스 생산은 2012년에 러시아를 추월해서 세계최대가 되었다. 2012년 시점에서 미

---

24) 정원익, "신경제를 향한 에너지-자원정책 방향," 『상공자원부 정책자료』(서울: 상공부자원부, 1993), pp. 69~79.

25) NEWS WEEK 일본판, 2014. 8. 1.

26) 심경욱, "이라크 파병을 통해서 본 에너지 안보와 국가비상대책," 『국가비상기획위원회 논단』(서울: 국가비상계획위원회, 2004), p. 11.

국은 세계의 1/3 분량의 천연가스생산국이 되었다.[27]

2000년 이후 미국의 이와 같은 움직임은 특히 부시 행정부의 대외정책 성격에서 비롯되는 것으로 볼 수 있다. 냉전기와 달리 일방주의적 성향, 경제적 국가이익의 실현이 대외정책의 기조를 이루고 있는 데서도 미국의 이와 같은 움직임에 대한 의도는 분명했다.

그러나 2009년부터 미국에서 민주당의 버락 오바마가 대통령이 된 후 미국은 부시 대통령 시대의 에너지 확보 전략을 크게 바꿔 놓았다. 미국이 이라크에 무력으로 개입한 명분이 바로 이라크가 대량살상무기를 보유하고 있다는 데 있었으나 이라크에는 대량살상무기는 없었음이 확인되었다. 그리고 미국 내에서 셰일 가스와 셰일 오일 혁명이 일어나 미국 자체 내에서의 에너지 생산량이 크게 증가했기 때문이다. 그러므로 미국이 대외 침략으로 에너지를 확보할 필요가 없어진 것이다.

부시 행정부는 정권 초기부터 중동에 대한 미국의 에너지 의존도가 자신들의 안보를 심각하게 위협할 것이라는 우려를 나타낸 바 있다.[28] 그러나 그런 미국 측 인식이 이제 크게 바뀌었다.

동북아지역의 경우 에너지 안보환경을 보면, 현재 세계 원유의 20% 정도를 수입하고 있는 최대 원유수입 지역이다. 특단의 대책이 나오지 않는 한 이 지역에서 향후 원유수입이 줄어들 전망은 거

---

27) REUTERS. 일본판 : 2013. 2. 4.
28) 김재두 외, 『미국의 대이라크 확전: 카스피해와 에너지 안보』(서울: KIDA Press, 2002) 참조.

의 없다. 특히 일본의 경우 원유수입 의존도가 80%에 육박하고 있으며, 동북아에 소재한 몇 개 국가들은 중동의 석유에 절대적으로 의존해야 하는 등 에너지 안보의 측면에서 전략적 취약성을 노출하고 있다. 중국도 일본의 상황과 크게 다르지 않다. 더욱이 중국의 경우는 급속한 산업화로 인해 석유 사용이 크게 증가할 것으로 예상하는 바, 동북아지역 내에서도 국가 간 에너지 등 자원확보를 위한 지속적인 쟁탈전이 불가피할 것으로 전망된다.

미국은 현재 국내 셰일가스 혁명을 주도하면서 OPEC의 약화를 통해 세계 에너지 수급질서를 재편하려 하고 있다. 이런 상황들이 지속한다면 머지않아 국제 에너지질서가 OPEC 대 비OPEC 구도에서 소비자 국가 중심 또는 미국 주도로 전환될 가능성이 크다. 이렇게 될 경우 에너지 위기에 직면하게 될 국가들은 비산유국으로서 중동 등에 석유수입 의존도가 높은 국가들이 될 것으로 본다.

한정된 자원을 놓고 안정적 수급질서를 재편하려는 국가들과 이런 재편 질서에 동참하지 못하는 국가들 사이의 경쟁과 갈등은 불가피할 것으로 보인다. 또한 이런 현상은 냉전 종식 이후의 동맹질서를 재편할 가능성이 크다. 특히 에너지 자원의 확보가 패권경쟁의 수단적 의미를 지니게 된다는 점에서 이는 국가안보 차원으로 인식되고 있으며, 국제사회는 에너지자원을 중심으로 한 동맹질서 재편이 불가피할 것이다. 각국 정상들의 활발한 방문외교는 주된 연결고리가 체제나 이념이 아닌 자원협력과 군사협력에 초점이 맞추어져 있다. 이런 가운데, 중국은 사우디아라비아와 러시아의 에너지 우산 아래 들어감으로써 자신들의 에너지 안보에 대한 취약성을 보완할 수 있는 기반을 만들었다. 이란 역시 중국의 에너지 우산 대열에 합류함으로써 핵개발에서 파생되는 위협을 제거하고자 한다. 유라시아의 동-서를 관통하는 동맹관계의 형성은 미국을 위협하는 패권경쟁의 양상으로 발전하고 있다. 일본의 경우 2005년 10월 이란의 아자데간 유전개발을 위한 20억 달러 규모의 투자액 중 75%를 부담하는 조건의 계약은 체결했지만 2006년 들어 미국이 이 사업의 포기를 종용하게 되면서 미국과 일본도 한때 갈등관계에 놓이게 된 것이 그 예이다.[29]

한 국가가 부를 창출하는 데 필요한 것은 에너지뿐만 아니다. 철이나 비철금속, 채광을 통해 얻은 다른 광물, 그리고 물과 같은 수자원 등도 중요한 자원의 하나로 취급되고 있다. 우선, 철, 구리와 같은 광물의 정치경제는 세계 에너지 정치경제와는 다소 다르다. 광물의 경우 세계적 분포가 비교적 고르다는 점이 석유와는 근본적으로 다른 것이다. 산업화한 국가들은 전략적으로 광물을 비축함으로써 자신들의 취약성을 극복하고 있다. 그러나 한편으로 산업국들은 광물공급과 관련하여 국가에 따라 취약성을 드러내고 있으며, 이것이 국제정치에 어느 정도 영향을 미치고 있다. 예를 들면 산업국들 중에서 유럽과 일본은 광물 수요를 수입에 크게 의존하고 있는 대표적인 국가들이라고 할 수 있다. 이에 비해 미국은 자급자족

---

29) Http://www.kifs.org/new/print.php.html.

적이다. 러시아 역시 미국과 거의 같은 수준을 유지하고 있다. 소련 붕괴 이후 러시아가 경제면에서 여러 가지 어려움이 많음에도 불구하고 다른 구사회주의권 국가와는 다르게 강점을 보유하고 있는 것은 바로 에너지와 광물 공급면에서 자급자족 능력을 갖추고 있기 때문이다.

한편, 국제적으로 핵심광물의 주된 수출국은 남아프리카로 알려졌는데, 몇몇 전략광물(망간과 크롬 등)의 경우 세계 매장량의 4분의 3 이상을 보유하고 있다. 과거 서방지도자들은 다수의 흑인이 소수 백인의 통치를 받는 남아프리카의 정치 불안이 이런 광물의 공급에 지장을 초래할지도 모른다고 우려했다. 산업국들이 인권문제와 관련하여 남아프리카에 대해 무역제재를 가하는 것을 망설였던 것도 바로 이 때문이었다.[30]

광물과 마찬가지로 물과 같은 수자원 역시 21세기 주요한 안보 핵심이다. 앞으로 물과 같은 수자원을 놓고 국가 간 갈등이 첨예화될 가능성이 높다. 전 세계적으로 물 사용량은 앞으로 계속 증가할 것으로 전망된다. 그러나 물 공급량은 상대적으로 변화가 없다. 세계의 많은 지역에서 물이 고갈되고 있으며, 일부 지역은 사막화가 매우 빠른 속도로 진행되고 있다. 전세계 인구의 약 5분의 1 정도가 안전한 식수 부족으로 고통받고 있다. 80여 개국이 물 부족 현상에 시달리고 있다. 특히 강이나 지하수의 특성상 수자원은 국가 간 경

---

30) 골드스타인(Joshua S. Goldstein)저, 김연각 외 옮김, 『국제관계의 이해』(서울: 인간사랑, 2004), pp. 550~551.

계를 넘는 것이 일반적이다. 따라서 이들을 둘러싼 국가 간 갈등이 점차 늘어나고 있다. 이런 갈등은 주로 여러 나라가 동일한 강줄기나 호수 등을 이용하는 경우에 빈번하게 발생된다.

물 부족 문제는 대개 물 공급이 부족하거나 물 공급 선이 국경을 가로지르게 되는 경우가 많은 중동지역에서 특히 중요한 문제로 부상하고 있다. 이를테면, 유프라테스강은 터키에서 발원하여 시리아를 거쳐 페르시아만에 도달하기 전에 이라크를 지나간다. 이라크는 시리아가 그 강에 지류를 만들어 내는 것을 반대하고, 또 이라크와 시리아는 터키가 그러한 행위를 하는 것을 공동으로 반대한다.

또한 요르단의 경우도 이와 비슷하다. 요르단강은 레바논에서 발원하여 이스라엘을 거쳐 요르단으로 향한다. 1948년 이스라엘이 독립한 이후 이스라엘은 사막을 옥토로 만들기 위해 요르단강으로부터 물을 빼낼 운하를 건설하기 시작했다. 요르단과 인접 아랍국들은 이 문제를 UN에까지 상정했고, UN은 이런 분쟁을 중재하기 위해 노력했다.[31]

2) 안보 확보방식의 변화

냉전기 국가안보에 관한 대응방식은 주로 세력균형(balance of power)과 집단안보(collective security) 원리가 중심을 이루었다. 전

---

31) 김연각 앞의 책, p. 553.

자는 현실주의자들에 의해 지지가 되고 있는 대표적인 안보확보 방식이다. 현실주의자들의 기본적인 국제정치관은 모든 국가는 수단과 방법을 가리지 않고 국가이익 추구에 몰두하며, 이를 위해 국가는 힘과 권력을 가지려고 한다는 것이다. 특히 현실주의자들에게 있어서 국가이익이란 힘을 의미하며 힘이 곧 국가이익이라는 것이다. 따라서 힘은 곧 국가 목적임과 동시에 수단이 된다. 이런 인식과 관점이 현실주의 국제정치관이다.[32] 즉 힘을 극대화함으로써 또 다른 힘을 견제하는 것이 전쟁을 억지한다는 것이다.

실제 세력균형의 모습은 각 지역마다 양자동맹 형식으로 나타났다. 대표적인 양자동맹 활성화 지역으로는 동북아로서 미·일·한 대 중·러·북 간 동맹체제라고 할 수 있다. 냉전기 이들 간의 세력균형 상태는 전쟁억지라는 긍정적인 기능을 수행한 측면이 있었으나 균형을 이루고자 하는 과정에서 역내 국가들은 군비경쟁과 안보딜레마라는 이중고를 겪게 되었다. 또한 이런 안보확보 방식은 기본적으로 동맹체결이 필요하며, 동맹은 개별 국가에 따라서 원치 않는 전쟁에 개입해야 하는 등의 불합리한 문제를 안고 있다. 이런 몇 가지 점에서 현실주의가 주장하는 국제평화 담보기제로써 세력균형 원리는 문제가 있는 것으로 볼 수 있다.

반면에 자유주의자들은 바람직한 안보확보 방식으로 국제기구

---

32) Hans J. Morgenthau, "A Realist theory of International Politics," in John A. Vasquez, *Classics of International Relations*, 2nd edtion(Englewood Clifs, NJ: Prentice-Hall, 1990)을 참조.

의 유용성을 강조했다. 현실주의자들과는 달리 이상주의자들은 인간 본성을 선한 것으로 간주하고, 전쟁은 이의 방지를 위한 인간들의 노력 여하에 달려 있다고 보고 있으며, 이를 위해 공동노력을 강조하는 입장이다. 그리하여, 안보문제를 해결하기 위해 공동노력의 일환으로 국제기구를 만들어야 하고, 이는 결국 갈등을 해결하는 주요 수단이 될 것으로 간주했다. 즉 국제기구의 기능을 강화함으로써 국가 간 분쟁 및 전쟁을 억제할 수 있다는 것이었다.[33]

이런 주장을 대표하는 집단안보 확보방식으로서 국제연합(UN)이 등장했다. 자유주의자들의 이런 가정은 국가 간 관계를 갈등보다는 상호협력과 의존에 두었으며, 국제갈등은 제도와 기구 등을 통해서 그 해소 및 방지가 가능하다고 보았다. 여기서 국제법과 각종의 국제레짐은 인류평화를 증진하는 중요한 수단이 된다는 것이다. 세력균형에 의한 안보확보 방식은 오히려 전쟁의 가능성을 증가시킨다고 보았다. 자유주의자들은 지나치게 인간의 선한 측면에만 초점을 두었다고 볼 수 있으며, 국제사회의 무정부적 특성 역시도 간과하고 있다. 특히 무정부적 상태에서 국제법을 지키지 않는 국가들에 대해 처벌할 수 있는 권위체가 존재하지 않는다는 현실이 있다. 국제법을 비롯한 국제기구는 강대국의 기득권 유지에 더 적합하다는 점에서 자유주의 이론은 다소 현상유지적이라고 할 수 있다.

---

33) 이민룡, 『한반도 안보전략론』(서울: 봉명, 2001), p. 293.

한편, 현실주의와 자유주의 이론이 생각했던 이런 안보확보 방식은 다분히 전통적인 안보 개념을 염두에 둔 가정이라고 할 수 있다. 그러나 냉전 종식 후에 안보 확보 방식에서 변화가 보이기 시작했다. 이와 같은 변화에 영향을 미친 것은 바로 안보개념의 변화라고 할 수 있다. 앞서 언급했던 것처럼 전통적인 안보개념이 지배할 때는 세력균형과 국제기구가 어느 정도 유용성을 지녔던 것으로 볼 수 있다.

그러나 환경, 자원, 경제, 마약, 초국가적 범죄와 같은 소위 저위정치(low politic) 분야의 이슈들이 새로운 안보개념으로 등장하면서 기존의 안보확보 방식은 새로운 변화를 맞게 되었다. 즉 국가 간 협력안보(cooperative security)가 보다 적절한 안보확보 방식으로 자리를 잡게 된 것이다. 협력안보는 다자간 안보정책의 하나로서 포괄적 안보개념에 대한 안보확보 방식이라고 할 수 있다.

또한 안보문제의 사후(事後) 해결에서 사전 예방으로 그 대응 양상이 바뀌고 있다. 이런 협력안보는 대체로 안보협력에서 다자주의 레짐 형태를 띠는 것이 보통이다. 유럽의 OSCE는 냉전종식 후 이와 같은 안보확보 방식의 변화를 보여주는 대표적인 경우라고 할 수 있다. 또한 구체적인 레짐의 형태로는 정착되지 않고 있으나 지역적으로는 안보협력을 위한 다양한 형태의 다자협의체들이 등장하고 있다.

OSCE는 유럽 안보 협력 기구(Organization for Security and Co-operation in Europe)를 줄인 약어다. 이 기구는 유럽의 국경불가침

과 안보와 경제협력 등을 약속한 헬싱키 선언을 채택했고 전 유럽 안보협력 회의로 1972년에 출범했다. 냉전 종식 후에 분쟁 방지와 그 해결을 위한 새 기구로 1995년 현재의 명칭으로 변경된 국제기구다. 2014년 현재 57개국이 가입했고 지역적 안보조직으로서는 세계최대. 민주주의 체제의 구축과 강화 및 기본적 인권의 보장과 보호, 무력행사의 억제를 위한 각국의 협력과 상호 존중을 목적으로 한다. 본부는 비엔나에 있다.

ASEAN을 비롯한 ARF(ASEAN Regional Forum), NEACD, 북핵 문제 해결을 위해 2003년부터 2007년까지 열린 6자회담 등은 안보문제 해결방식에서 변화를 시도하려는 노력들이라고 할 수 있다.

ARF란 아시아·태평양 지역에서의 국제적 틀에 대해 협의하는 국제적인 대화의 장을 말한다. 정치 및 안보분야를 주요 대상으로 각국의 외교·군사 대표자가 참석하다. ARF는 1994년 제1차 회의가 개최된 이래 매년 7월이나 8월경에 개최된다. 아시아·태평양 지역을 대상으로 하는 대화의 장이지만 미국과 러시아 등 세계 각국이 ARF에 참여하고 있다. ASEAN 10개국이 핵심적 입장에 위치하고 기타 일본·중국·한국, 인도, 호주, 미국, 캐나다, EU 등 27의 국가와 국제기관이 참여하고 있다.

NEACD란 동북아 협력대화(Northeast Asia Cooperation Dialogue)를 뜻하고 미국 캘리포니아 대학교 샌디에이고 세계 분쟁센터(IGCC : Institute on Global Conflict and Cooperation)의 수전 샤크(Susan Shirk) 교수의 이니셔티브로 1993년 출범했다. 외교, 방위

관계의 정책 담당자, 군 관계자, 학계와 민간 연구 기관에서의 전문가들이 참여하는 안보 및 지역 협력에 관한 정기적인 정책대화의 장이다.

제2장. 갈등 속의 핵확산과 비확산의 관계

냉전종식 이후에도 핵무기를 비롯한 생물·화학무기 등 '대량살상무기(weapons of mass destruction)'들에 의한 안보위협은 오히려 증가하고 있다. 특히 문제가 되는 것은 핵무기의 확산이라고 볼 수 있다.

1990년대 이후 계속되고 있는 북한 핵문제와 1998년 5월 인도와 파키스탄의 핵실험 등은 냉전기와 마찬가지로 인류의 자살적 위기의 본질이 변하지 않았음을 여실히 보여주고 있다. 또한 소련 해체 이후 러시아의 핵관리 체계의 허술함과 국제 테러조직의 핵무기 입수능력이 증대되면서 오늘날 핵무기 위험성은 냉전기보다 더 커지고 있다.

핵무기는 단순히 군사적 목적으로만 사용될 가능성을 넘어 그 어떤 갈등의 상황에서도 쉽게 협상의 지렛대로 사용될 수 있다는 위험성을 안고 있는 것이다. 북한과 미국이 10년 이상 펼치고 있는 핵게임도 이와 같은 측면에서 이해될 수 있다. 핵무기의 실체가 정확하게 확인되지 않은 상황에서 북한과 미국 간 공방전은 계속되고 있다. 이는 오늘날 핵무기의 사용범위가 크게 넓어졌다는 것을 의미한다. 또한 대량파괴무기가 국제 갈등에서 차지하는 역할도 변하고 있다. 이전에는 첨단기술을 상징하는 전쟁무기의 성격을 띠었던 것이 이제는 군사력에서 열세에 있는 국가들이나 폭력집단들이 보유하기를 희망하는 이른바 '약자의 무기'로 위상이 달라지고 있다는 것이다.

핵무기의 이런 특성과 위험성 때문에 이를 통제하기 위한 국제사회의 노력이 지속되고 있다. 그러나 통제와 비확산의 문제는 이를 소유한 국가와 그렇지 못한 국가들 간의 상반된 이해관계로 인해 명확한 결론이 나지 않고 있는 실정이다. 본 장에서는 핵무기의 특성을 비롯해 핵확산의 원인, 비확산을 위한 국제사회의 노력 등을 살펴보고자 한다.

1. 핵의 성격

핵무기의 절대적 파괴성은 이미 제2차 세계대전을 통해서 입증되었다. 또한 핵 공격이 가해질 경우 그것을 확실히 막아낼 방법이 없다는 점에서 절대병기(Absolute Weapons)로도 취급되고 있다.[34]

---

34) Bernaed Brodie (ed.), *The Absolute Weapons: Atomic Power and World*

핵무기의 이와 같은 가공할 파괴력 때문에 핵전쟁은 승전국과 패전국 모두에게 엄청난 피해와 후유증을 발생시킨다는 점에서 핵전쟁은 승자 없는 전쟁과 같다.

일반적인 핵폭탄의 폭발력 규모를 측정하는 표준단위는 메가톤(Megaton)이다. 메가톤이란 100만톤을 의미하며, 1메가톤의 폭발력은 100만톤의 TNT를 한꺼번에 폭발시킬 때 나오는 폭발력과 동일한 것이다. 말하자면, 15톤 덤프트럭 6,700대에 TNT를 가득 싣고 그것들을 동시에 폭발시킬 경우 나오는 화력이 1메가톤이다.

인류가 이와 같은 핵무기의 절대 위험성을 깨닫게 된 것은 처음이자 마지막으로 기록되고 있는 제2차 세계대전을 계기로 해서였다. 제2차 세계대전 당시 일본이 항복할 수밖에 없었던 것은 바로 핵무기였다. 미국은 제2차 세계대전 중 '맨하탄 프로젝트'라는 핵무기 개발 프로그램에 착수하여 1945년 7월 세계 최초로 핵폭발 실험에 성공했다. 이후 미국은 1945년 8월 6일 미군 B-29 폭격기를 이용해 일본 히로시마에 그리고 8월 9일에는 나가사키에 원자폭탄을 투하했다. 이로써 제2차 세계대전은 종지부를 찍게 되었다.

핵무기의 등장은 이후 국제정치 세력판도를 완전히 바꾸어 놓을 정도로 엄청났다. 국제체제는 핵을 보유한 국가 중심으로 국제질서 재편이 이루어졌기 때문이다. 핵무기 보유 여부가 국제관계에서 중요한 의미를 갖게 되는 것은 무엇보다도 핵무기의 가공할 만한 파

Order(New York: Harcourt, Brace and Company, 1946).

괴력에 있다. 핵을 보유하지 않는 국가는 핵을 보유한 국가를 그 어떤 것으로도 상쇄하기 어려운 전략적 열세에 놓이게 되었다. 또 한편, 핵을 보유하지 못한 국가는 핵을 보유한 국가들의 핵위협에 놀아날 가능성이 커지게 되었다. 핵무기는 사용하겠다는 공갈·협박만으로도 엄청난 국제정치적 효과가 있는 것이 현실이기 때문이다. 핵무기의 이와 같은 전략적 특성 때문에 국제사회는 본격적인 핵무기 개발경쟁에 돌입하게 되었다. 미국에 이어 소련이 1949년 첫 번째 원자장치를 폭발시켰다. 이후 영국이 1952년, 프랑스가 1960년대 말에 핵폭발장치에 성공하는 등 국제사회의 주요 강대국들이 핵실험에 성공을 거두게 되었다.

이처럼 국제사회의 주요 강대국들이 핵무기 개발에 성공을 했지만, 핵무기는 현존하는 인명살상 무기 중 다른 어떤 무기보다도 압도적인 살상력을 지닌다는 점과 더불어 피폭 후유증도 몇 세대에 걸쳐 계속된다는 점에서 제2차 대전 이후 지금껏 사용되지 않고 있다. 핵무기는 핵반응에 기초한 폭발장치로서 화학무기, 생물무기와 함께 3대 대량살상무기(WMD)로 분류된다. 또한 체르노빌 원자력발전소 사고와 일본의 후쿠시마원전 사고는 핵이 무기로 개발되어 사용되지 않더라도 때에 따라서는 엄청난 재앙을 몰고 올 수 있음을 분명히 보여주었다.

미국은 핵무기 사용으로 제2차 세계대전을 끝낼 수 있었지만, 핵무기 사용이 가 가져다준 엄청난 재앙은 현재까지도 계속되고 있다. 미국이 현재 핵확산금지 노력을 기울이고 있는 이유 가운데 하나도 바로 이와 같은 재앙을 반복하지 않기 위한 측면이 있다.

2. 핵억지 논리

앞서 언급한 바와 같이 핵무기의 부정적인 측면은 엄청난 파괴력과 후유증을 지닌 대량살상무기라는 사실이다. 핵무기의 이런 부정적 측면이 전쟁의 억지(deterence)[35]력을 제공하기도 한다. 억지라는 것은 심리상태를 말하는 것이다. 억지이론은 기본적으로 한 나라의 정치지도자는 우선 적국의 능력을 파악한 후, 전쟁이 승산이 없거나 전쟁의 결과가 도움이 되지 않는다고 판단될 경우 전쟁을 포기하게 된다는 것이다. 그러나 핵무기 보유가 반드시 전쟁을 억지하는가에 대해서는 단정하기 어렵다. 많은 수의 국가들이 핵무장을 할 경우 더 많은 숫자의 핵전쟁이 발발할 것이라는 견해가 다수설이기 때문이다.

핵무기가 억지력을 갖기 위해서는 모든 국가들이 확실한 2차 공격능력을 갖춰야 한다. 이와 같은 2차 공격능력은 선제공격을 가하는 국가도 보복공격으로 공멸하게 함으로써, 그리고 선제공격을 가하려고 하는 국가의 공격의도를 저지시킴으로써 전쟁발발을 억지

---

35) Robert Jervis et al., *Psychology and Deterrence*(Baltimore: The Johns Hopkins University Press, 1985).

하게 되는 것이다.

한편, 핵무기가 전쟁 억지력을 갖기 위해서는 분쟁 당사국 모두가 핵무기를 가지고 있어야 한다는 전제가 필요하다. 즉 선제공격력(First Strike Capability)과 보복력(Second Strike Capability)에 의해 형성되는 이론이다. 무엇보다도 이와 같은 상황은 핵무기에 의한 상호완전파괴(MAD)의 상호억지 시스템을 작동시킬 수 있기 때문이다. 실제, 냉전기에 미·소간에 전쟁이 일어나지 않았던 것은 핵무기의 이런 상호억지시스템이 작동했기 때문일 것이다. 미국, 소련 중 어느 나라도 상대방을 선제공격함으로써 상대를 완전히 무력화시킬 수 있는 능력을 보유하지 못했기 때문이다.

반면 미국과 소련은 모두 상대방이 선제공격을 가해온다고 하더라도 그 선제공격을 흡수한 이후의 반격 혹은 보복공격을 가함으로써 상대방에게도 자신이 당한 만큼의 치명적 결과를 입힐 수 있는 능력을 갖고 있었다는 점도 들 수 있다. 바로 여기서 '상호자살' 전략이라는 개념이 성립하고, 이것이 전쟁을 억지하게 한다는 것이다. 왜 상호자살 전략이 전쟁을 억지시키는가? 이런 물음과 관련하여, 냉전기간 동안 미국과 소련은 상호자살 시스템인 '상호확실파괴(Mutually Assured Destruction)'라는 억지전략을 내세우며 막대한 양의 핵무기를 개발해 왔다. 이 과정에서 어느 한쪽이 상대방에게 핵공격을 가할 때 상대는 막강한 보복력을 행사하기 때문에 핵공격은 곧 동반자살을 의미하게 된다. 따라서 합리적인 정책결정자라면 절대로 핵전쟁을 일으킬 수 없다는 논리이다. 이 경우 보복력이 막강하고 확실할수록 상대가 공격을 하지 못한다는 논리는 곧 동반자살 태세를 확실히 갖출수록 전쟁을 억제한다는 의미와 통한다.

결국, 핵무기를 상호 보유한 강대국 간 전쟁은 상호 공멸을 의미하는 것으로 인식되었다. 이처럼 핵무기는 엄청난 파괴력으로 인해 오히려 전쟁을 억지하는 효과가 있다는 궤변이 성립하게 된다. 미국과 소련은 냉전기 내내 이와 같은 핵억지 상태를 유지하기 위해 막대한 비용을 투자했다. 특히 핵탄두를 장거리로 운반할 수 있는 대륙간 탄도미사일(ICBM)과 잠수함 발사 탄도미사일(SLBM) 등의 개발에 박차를 가했던 것이다.[36]

핵억지 이론은 강대국 사이에서만 성립되는 것은 아니다. 예를 들면, 냉전기 군사력면에서 차이가 났던 소련과 프랑스 사이에서도 성립될 수 있었다. 소련이 핵무기로 프랑스를 공격하게 되었을 때 프랑스가 2차 보복능력을 갖추고 있다면 소량의 핵무기로도 충분히 소련을 파괴할 수 있다는 얘기다. 프랑스는 미국과 같은 강력한 군사력을 보유하고 있지 않더라도 핵무기를 보유함으로써 소련의 공격 욕구를 좌절시킬 수 있다. 바로 이것은 핵무기가 지니는 가공할만한 파괴력에서 비롯된다.

현재 공식적으로 핵무기를 보유한 국가들로는 미국, 영국, 프랑스, 중국, 러시아, 인도 등 대략 6개국 정도로 알려졌지만, 실제 파

---

36) 이춘근, 『북한 핵의 문제: 발단, 협상과정, 전망』(성남: 세종연구소, 1995), pp. 21~23.

키스탄을 비롯한 이란, 북한, 이스라엘 등 상당수의 국가들이 비공식적으로 핵무기를 보유하고 있는 것으로 보아야 한다. 특히, 전 세계적으로 광범위한 분야에서 원자력이 활용되고 있다는 점을 고려하면, 핵무기를 갖고 있거나 아니면 성공단계에 있는 국가들은 이보다 훨씬 더 많다고 볼 수 있다.

북한의 핵무기 실체에 대해서는 1994년 제1차 핵위기시부터 2005년 제2차 핵위기가 재발할 때까지 명확히 밝혀진 바 없었다. 그러나 2006년 10월 9일 북한이 실제 핵실험을 감행함으로써 그 실체가 명백히 드러나게 되었다. 그 후 2016년 9월 9일까지 북한은 5차에 걸쳐서 핵실험을 감행했다. 북한은 정권 수립일에 맞춰 2016년 1월의 핵실험에 이어 8개월 만에 풍계리 핵실험장에서 핵실험을 단행했다.

조선중앙통신은 공식성명을 통해 5차 핵실험이 성공적이었고, 핵탄두를 탄도미사일에 장착할 수 있는 단계에 도달했음을 확인했다고 밝혔다. 즉 북한은 핵무기를 보유할 수 있는 능력을 실제 갖추고 있다는 것이다. 북한은 여러 가지 효과를 염두에 두고 핵실험을 했던 것으로 볼 수 있는데 무엇보다도 비공식적인 핵보유국이 되고자 했다. 비공식적인 핵보유국이 됨으로써 미국을 비롯한 외부의 선제 핵공격으로부터 벗어날 수 있기 때문이다.

3. 핵확산의 방법과 원인

제2차 세계대전 중 미국의 비밀 프로젝트에 의한 핵실험 성공은 소련을 비롯한 프랑스, 영국 및 중국 등을 자극해 국제정치를 핵무기 경쟁시대로 돌입하게 하였다. 이제 핵무기 제조 능력을 갖춘 국가들은 공식적으로 알려진 국가들에 한정되지 않고 있다. 비공식적으로 핵무기를 보유한 국가들이 기존의 핵보유국의 숫자를 넘었다. 그럼 핵은 왜 확산하는 것인가?

다소 단순한 대답일지 모르겠으나 모든 국가들이 자신의 생존을 위해 핵무기를 보유하려 한다는 것이다. 즉 핵무기는 직접 군사적 목적으로 사용되지 않더라도 보유 사실 자체만으로도 자신들을 방어할 수 있는 효과가 있기 때문이다. 그래서 적대적 관계에 있는 국가들 사이에서는 자신들의 생존을 위한 최후 수단으로 핵무기 보유를 염두에 두고 있으며, 실제 핵무기 개발에 몰두하게 될 가능성이 크다.

또한 핵확산은 핵이 인류의 주요 에너지원으로 등장하면서 세계 도처에서 원자력 발전소가 가동되고 있다는 사실과도 관련이 깊다. 현재 전 세계적으로 약 60여 개 국이 핵발전소를 가동하고 있으며, 이들은 대부분 핵무기 제조능력을 가진 것으로 보아야 한다.

왜냐하면, 핵무기의 원료가 생산되는 핵발전소의 폐연료 재처리 과정은 통제하기가 어렵기 때문이다. 특히 핵에너지를 얻으려는 과정과 핵무기 원료를 얻으려는 과정이 명확히 구분되지 않는다. 즉 재처리시설과 기술을 보유하는 것 자체가 곧 핵무기의 원료를 만들어낼 수 있다는 것을 의미한다. 재처리된 플루토늄을 다시 핵발전의 원료로 사용하지 않고, 핵무기의 원료로 사용할 수 있기 때문이다.

한편, 소련 붕괴 이후 핵제조 기술자들의 해외 유출, 소련 핵무기의 독립국가로의 이관 등도 핵확산 원인으로 지적된다. 핵기술은 일반화되어 있으며, 핵기술에 대한 수출은 핵확산을 통제하기 어렵게 만들었다. 북한의 핵협상 과정에서도 볼 수 있듯이 핵의 평화적 이용을 위한 기술이 군사적으로도 쉽게 전용될 가능성이 크기 때문이다. 또한 핵무기는 그것의 첨단무기적 성격으로 인하여 국제정치에 참여하는 국가들에 다음과 같은 강력한 개발 동기를 부여해왔다.

첫째, 핵무기의 막강한 살상력과 파괴력은 핵을 보유하게 되는 국가들의 군사력 증강에 결정적으로 기여하며, 따라서 해당 국가의 안보를 크게 증진할 수 있다. 무정부 상태 하에서 스스로의 힘으로 생존해야 하는 국제질서 속에서 개별 국가들의 최대 관심사가 국가안보에 있다고 볼 경우, 핵무기를 보유하고 증강함으로써 얻게 되는 안보증진의 효과는 크다. 특히 막강한 핵능력을 가진 적대국과 대치하는 비핵보유 국가는 심각한 안보불안 상태에 놓일 것이며, 따라서 그와 같은 불안을 해소하기 위한 본질적 방안으로 핵무기 개발과 증강이 대두하기 마련이다.

핵무기는 또 그것의 엄청난 파괴력으로 인하여 냉전 시기에 일종의 '공포의 균형(balance of terror)' 상황을 조성하면서 대규모 전쟁의 발발을 억제하는 쪽으로 기능한 측면도 부정할 수 없다. 즉 핵보유국들이 모두 합리적으로 행동한다는 전제하에, 어떤 한 국가의 선제 핵공격에 대하여 대상 국가가 2차 보복능력을 갖추게 되면 상호공멸의 위협 때문에 어느 나라도 핵공격을 감행할 수 없게 되는 '핵억지(nuclear deterrence)' 상태가 이루어진다는 것이다. 이런 '공포의 균형'하에서 핵강대국들은 전면적인 핵전쟁을 피하려고 상호 간의 갈등 및 지역분쟁의 확산을 제어하는 데 커다란 노력을 기울였으며, 이에 따라 냉전 시기는 핵무기의 갈등적 본질에도 불구하고 '오랜 평화(long peace)'가 가능했다고 지적된다.

둘째, 핵무기의 강력한 파괴력은 군사력의 증강뿐 아니라 핵보유국들의 국력 과시와 상징으로 간주한다. 즉 핵을 보유한 국가들은 갖지 못한 국가들과 비교하면, 그리고 더 우수한 핵능력을 보유한 국가들은 열등한 핵능력의 국가들보다 더 막강한 국력을 갖춘 것으로 간주하여 외부적으로 일종의 강대국 대열에 포함된다는 커다란 상징적 효과를 보게 된다. 특히 민족주의 성향이 강한 나라들에서 이 같은 외부 과시의 상징적 표현으로서 핵무장을 추구하는 경우가 종종 나타난다.

셋째, 핵무기의 보유는 상징적인 국력 과시뿐 아니라 실제 국가 간의 외교, 협상에서 상당한 우월적 위치를 제공하기도 한다. 핵무기를 보유함으로써 협상 대상국에 대하여 위협 요인을 유발하는 것이 되고, 이에 따라 협상 과정에서 일정 정도의 정치적·경제적 양보를 얻어 낼 가능성이 더 높아지게 된다. 2006년 이후 2016년까지 5차에 걸쳐서 실시된 북한의 핵실험 사태도 이와 같은 관점에서 이해될 수 있다. 북한은 체제유지와 미국과의 직접 흥정을 노린 외교카드로서의 핵무기 개발과 핵 실험, 그리고 미사일 발사실험을 쉽게 중단할 것 같지 않다.

넷째, 핵무기는 국가 간 관계에서 뿐 아니라 국내 정치의 맥락에서도 보유 및 증강의 동기가 부여될 수 있다. 권력경쟁을 하는 주요 정치세력들 간에 국민들의 지지를 증대시키기 위해 핵개발 또는 증강을 정강으로 제시하는 경우에도 발생할 수 있다. 아울러 핵개발은 대규모의 예산과 인력을 필요하므로, 방위산업의 확장에 따른 고용창출이라는 측면도 핵보유의 한 유인으로 작용할 수 있다. 비슷한 맥락에서 미국을 비롯한 각국의 군산복합체들이 그들의 사업 확장과 영향력 증대를 위해 막강한 압력단체로서 행동하면서 커다란 이익을 가져다줄 핵개발을 부추기는 경우를 상정할 수 있다. 북한의 핵개발도 단순히 체제유지 차원에서 진행되고 있을 뿐만이 아니라, 타국에 대한 사업으로서 진행되고 있음을 간과해서는 안 된다.

다섯째, 핵무기의 개발은 고도의 선진기술을 필요로 하므로, 지속적인 핵개발 사업은 해당 국가의 과학기술 수준을 발전시키는 데 기여할 수 있다. 이런 까닭으로 인해 어떤 국가들은 핵무기 개발을 정당화하는 데 군사·과학기술의 향상을 명분으로 내세우기도 한다. 아울러 핵무기는 과학 기술의 발전과 이용에 몰두하는 과학자 집단에 의해 개발 동기가 부여되기도 한다. 즉 과학과 기술의 진보 자체를 추구하는 과학자 집단들의 욕망으로 핵개발이 권장된다.

여섯째, 냉전 종식 이후에도 국제적으로 활동하는 테러집단들과 다른 인종과 분규상태에 있는 인종집단들 같은 비국가 조직들은 단순히 목표대상에 대해 심각한 타격을 가하고 무질서와 혼란을 야기시키거나 또는 이런 위협을 통하여 다른 목적을 추구하려는 의도에서 핵무기를 보유하려는 경우가 발생하고 있다. 국가 간 전쟁에서의 핵무기 사용과 달리, 이들은 전쟁 승리 또는 안보 증진이 아니라 대상 집단에 커다란 피해를 가져올 일방적 타격 및 이런 타격위협으로부터 얻을 수 있는 이득에 핵무기 사용의 주된 동기를 찾고 있다.

2016년 12월 현재 핵 테러리즘으로 생각되는 행위가 실행된 사례는 아직 없다. 그러나 테러 조직의 핵무기는 2001년 10월 이슬람 과격파 조직 알카에다가 옛 소련제 여행가방형 핵폭탄을 보유하고 있다고 보도된 적이 있다. 1997년에는 옛 소련 시절의 소형 핵(ADM : Atomic Demolition Munitions)이 소련 붕괴 후 100발 정도가 소재 불명이 되었고 이들이 테러 조직에 건너갔을 가능성이 거론되었다.

2002년 5월 8일 미국 국적을 가진 알카에다의 멤버가 '더티 밤(dirty bomb)'을 사용하는 테러를 계획했다고 해서 체포되었다. 2002년 8월 미국은 이들 무기의 원료가 되는 물질이 테러리스트나

'불량국가'의 수중에 들어갈 위험을 줄이기 위해 16개국 24개의 소련식 원자로의 농축우라늄 추적 프로그램을 개시했다.

2015년 11월에 일어난 파리 동시다발 테러 이후에는 IS가 벨기에의 핵 관계자의 동향을 추적한 사실이 판명되었으며, IS가 대량살상무기에 관심을 두고 있는 것이 확실해졌다. 오바마 미대통령은 2016년 4월 1일 워싱턴 D.C.에서 열린 핵안보 정상회의에서 강연하면서 "테러 조직은 그동안 핵폭탄 입수에 성공하지 못했다. 정상회의에 모인 우리들의 일은 그런 사태를 막기 위해 최선을 다하는 것"이라고 하면서 현재의 과제는 IS 같은 테러조직이 대량살상무기를 입수할 것을 막는 것이라고 주장했다. 테러조직이 만일 입수에 성공하면 "테러리스트들이 최대한 희생자를 내기 위해 이를 사용할 것이 확실"하다고 경고했다.[37]

4. 확산의 금지 논리

핵무기의 상호보유가 전쟁을 억지하는 것은 이론적으로 가능하다. 또한 제2차 대전에서 핵의 위험성을 경험한 이후 지금까지 핵전쟁이 없었다는 사실은 향후 핵전쟁이 없을 것이라는 전망을 가

---

37) cnn.co.jp. 2016. 4. 2. http://www.cnn.co.jp/world/35080575.html

능하게 하는 측면이 있다. 그러나 핵무기가 존재하는 한 핵전쟁의 가능성은 여전히 존재하는 것이며, 그 결과는 되돌릴 수 없을 정도로 치명적이다. 이와 같은 관점에서 보면 오히려 핵무기 보유를 통한 핵억지 전략이 전쟁 가능성을 더 높여준다고 볼 수 있다. 특히 핵 경쟁은 군비경쟁의 한 형태로서 군비경쟁은 곧 전쟁 발발의 환경을 조성한다는 점에서이다.[38] 실제 핵기술의 급속한 발달과 세계적 확산은 핵을 만들 수 있는 국가들의 숫자를 증가시킬 것이 분명하고, 이런 상황의 도래를 막아야 한다는 것이 바로 핵확산 금지논리이다. 핵확산 금지논리를 구체적으로 보면 다음과 같다.

첫째, 국제정치의 불안정성 증가를 들 수 있다. 즉, 핵을 보유한 국가들이 증가할수록 국제정치의 불안정성이 커진다는 데서 핵확산 금지논리를 찾을 수 있다. 핵보유국이 늘어날 때마다 국제체제의 안정성이 손상을 입을 것이라는 점이다. 앞서 언급한 바와 같이 현재까지 공식적으로 인정된 핵보유국은 미국, 러시아, 중국, 프랑스, 영국, 인도 등 6개국이다. 그러나 그 외에도 핵무장 능력이 있거나 또 핵무장을 이미 완료한 국가들로 분류되는 북한, 이란, 일본, 파키스탄 등을 계산에 넣으면 그 숫자가 상당수에 이른다. 문제는 이와 같은 잠재적 핵무장 국가들 가운데는 국내 정치의 불안정성이 지속되고 있는 국가들이 있으며, 이들의 핵통제 능력 역시 결코 안정적이지 못하다는 점이다. 이와 같은 핵통제 능력 약화

---

38) 유현석, 『국제정세의 이해』(서울: 한울 아카데미, 2001), pp. 67~70.

는 핵전쟁의 가능성을 증가시킨다. 즉 산술적으로 볼 때 핵보유국이 많아질수록 핵을 사용할 수 있는 정책 결정자의 숫자도 늘어나게 된다는 논리이다. 특히 핵을 보유한 두 나라 간 분쟁발생 시 상대방으로부터 선제공격을 당하게 되면, 자국에게 치명적일 것이라는 판단하에 오히려 선제공격의 유혹에 빠질 가능성이 커진다는 것이다.[39]

둘째, 특정국의 핵무장을 용인하게 되면 전 세계적으로 핵무장 도미노현상이 일어날 우려가 있다. 예를 들어, 동북아시아의 경우를 생각해보자. 우선 북한이 핵무장을 했다는 것이 거의 확실시되어 있다. 2016년 11월 16일 미국 헤리티지 재단은 '2017년 미 군사력 지수(2017 US Military Strength Index)'를 발표하면서 미국의 국익에 대한 핵심 위협 6가지 중 하나로 북한을 꼽았고 북한이 2016년 11월 현재 보유하는 핵무기를 8개로 추정했다.[40] 이에 앞선 11월 8일 미국 랜드연구소는 "북한은 이미 13~21개의 핵무기를 만들 수 있는 핵물질을 갖고 있다는 평가를 받고 있으며, 2020년까지는 최대 100개의 핵무기를 보유할 것으로 추정된다"며 "핵탄두 장착이 가능한 장거리 탄도미사일과 잠수함 발사 탄도미사일도 상당수 확보해 2020~2025년 사이에 실전 배치할 것"이라고 했다.[41] 미국은

---

39) Donald M. Snow, *The Shadow of the Mushroom Shaped Cloud*(Columbus, Ohio: The Ohio State University, 1978).

40) NEWSIS, "헤리티지 재단 보고서 '북 핵무기 8개 보유'", 2016. 11. 17.

41) 조선일보, 2016. 10. 10.

북한을 핵보유국으로 인정하지 않지만 북한이 핵무기를 보유하는 것을 팩트(fact)로 직시하고 있다.

이런 북한의 움직임에 즉각 대응해야 할 한국에서는 핵무기 보유론이 대두하는 상황이다. 북한의 핵위협으로 인해 한국에서는 사드 배치가 결정되었고 중국의 강력한 반대로 동북아의 긴장이 고조되었다.

이런 북한의 핵개발에 대응하려고 일본도 핵무장을 시도할 가능성이 있다. 2016년 8월 3일 일본 아베 내각은 새로 출범했는데 여성으로서 두 번째 방위성 장관으로 임명된 이나다 토모미는 8월 5일 열린 취임 기자회견에서, 일본의 핵무기 보유 문제에 관한 질문을 받고 "헌법에 나온 '필요 최소한도'는 어떤 무기인가에 대해서는 한정하지 않고 있다"라고 발언해 사실상 일본의 핵무장 가능성을 언급했다.[42] 북한의 핵개발은 이렇게 한국, 일본 등의 핵 경쟁으로 이어질 우려가 크다. 게다가 대만을 자극할 우려도 있다. 이런 점에서도 핵확산 금지논리가 세계의 기본인 것이다.

셋째, 핵무기 관리–통제의 어려움을 들 수 있는데, 경제적 어려움에 봉착한 국가들이 이를 경제위기 극복 수단으로 활용할 가능성이 높다. 특히 외화벌이 수단으로 핵무기가 국제적 범죄조직이나 테러집단에게 들어갈 경우 암시장에서의 유출 가능성도 배제할 수 없다.

---

42) 문화일보 칼럼 : "중·러, 일본의 핵무장론 함의 새겨야", 2016. 8. 10.

넷째, 정책 결정자들의 비합리적 요소와도 관련이 있다. 개별 국가들이 핵무기를 보유하려고 하는 것은 군사적 이유만이 아니다. 핵무기는 물리적인 파괴력과 전쟁 억지력과 같은 효과 이외에도 핵무기를 보유하게 됨으로써 보유국의 국제적 위신이 높아지는 경우가 있다. 무엇보다도 핵무기가 높은 수준의 기술적 능력을 요구하고 있다는 점, 그리고 역사적으로 볼 때도 핵무기가 강대국의 전유물로 인식됐다는 점에서도 그러하다. 북한의 핵사태도 이와 같은 측면에서 이해될 수 있는 측면이 있다. 이처럼 정상적이지 못한 정책 결정자들의 핵보유 야욕은 현재 국제정치의 고민거리인 것이 분명하고, 바로 이런 것도 핵확산을 반대하는 중요한 이유가 되고 있다.

5. 비확산을 위한 노력

1) 다자적 통제로서 IAEA와 NPT

(1) IAEA의 형성 배경

IAEA(International Atomic Energy Agency)는 독립된 정부 간 기구로서 원자력 분야의 국제협력을 총괄하고 있다. 이 기구의 설립 배경에는 여러 가지가 있을 수 있으나 기본적으로 핵무기의 가공할

파괴력 및 위험성에 대한 실제 경험과 인식이 결정적인 배경이 되고 있다. 우선은 핵을 가진 국가의 발의로부터 시작되었다.

앞서 살펴본 바와 같이 미국은 제2차 세계대전 당시 핵무기를 사용한 장본인으로써 누구보다도 핵무기의 두려운 파괴력을 잘 인식하고 있었다. 따라서 미국은 제2차 세계대전 종전 직후부터 핵기술 확산을 일관되게 반대하며 동맹국인 영국의 핵기술 이전 요구에도 거절하는 등 강력한 핵비확산 정책을 추진했다. 미국은 1946년 바루크 플랜(Baruch Plan)을 UN에 제출하여 핵비확산을 위한 기구창설을 도모했다. 그러나 소련은 우선적으로 국제관리 체제의 확립이 더 시급하다고 주장하면서 반대를 표명했다. 그 후 이 플랜은 1948년 11월 UN총회에서 승인되었으나, 소련의 반대로 실질적 효과는 발휘하지 못했다.

미국은 1949년 소련에 이어 1952년 영국 등이 핵실험에 성공하여 핵을 중심으로 한 강대국 간 힘의 관계가 조정될 기미를 보이자보다 적극적으로 핵비확산 정책을 추진했다. 이런 정책의 일환으로 1953년 12월 8일 아이젠하워 미 대통령은 제8차 UN총회 연설에서 '원자력의 평화적 이용'을 제창하면서, 핵물질을 국제적으로 관리하고 원자력의 평화적 이용을 증진할 국제적인 원자력기구 설립을 제안했다.

한편, 미국의 이런 제안은 핵기술의 확산을 인정한 것으로써 미국이 타국에 대해 핵기술 제공과 수혜국가들의 평화적 핵이용을 약속받을 목적으로 제안했다고 할 수 있다.[43] 이에 따라 1954년 9월 개최된 제9차 UN총회에서 원자력의 평화적 이용 및 국제기구 설립에 대해 7개국(미국, 호주, 벨기에, 캐나다, 프랑스, 남아공, 영국)이 제출한 결의안이 수정을 거쳐 만장일치로 채택되었다. 이후 영국이 1954년 12월 미국에 제시한 초안을 기초로, 1955년 4월 미국과 영국은 양국 간 토의를 거쳐 수정한 헌장 초안을 제9차 UN총회에서 함께 결의안을 제출했던 5개국과 포르트갈에 회람시켰다. 이를 시작으로 미국과 영국은 헌장 초안을 1955년 7월 소련에 제시했고, 같은 해 8월 84개 UN회원국에 초안 최종본을 회람시키고 각국의 의견을 접수했다. 1955년 8월 '협상그룹'이 작성한 헌장 초안을 중심으로 각국이 제출한 의견을 고려하여 1956년 4월 18일 영국이 미국에게 제시한 초안에 입각한 '핵비확산 헌장 초안'이 UN총회에서 채택되었다.[44] 이 헌장 초안은 1957년 7월 29일 관련국 모두가 각 나라에서 승인받은 헌장승인서를 UN에 제출함으로써 발효되었다. 헌장이 발효되기 위해서는 캐나다, 프랑스, 영국, 소련, 미국 등 5개국 중 최소한 3개국을 포함하여 18개국이 헌장 비준서를 기탁해야만 했다. 헌장이 발효됨으로써 IAEA는 UN의 산하 기구로 정식 발족하였다. 이후 IAEA의 제1차 정기총회가 1957년 10

---

43) Joseph Nye S. "Sustaining the Non-Proliferation Regime," in Charles W. Kegley Jr. and Eugune R. Wittkoph, *The Nuclear Reader: Strategy, Weapons, War*(New York: Basic Books, 1985), p. 188.
44) 류광철 외, 『군축과 비확산의 세계』(서울: 평민사, 2005), pp. 97-98.

월 오스트리아에서 개최되었고 조직 구성 및 이사국 선출이 이루어졌다. 동 총회에서는 총 10개의 이사국이 선출되었으며 준비위원회가 지명한 13개국을 포함해 총 23개국으로 첫 번째 이사회가 구성되었다. 2016년 12월 현재 회원국은 168개국이며, IAEA 헌장의 주요 내용을 요약하면 다음과 같다.

【헌장의 주요 내용】

- 구성 : 전문 23개조와 부속서로 구성되었으며, 기구의 목적, 구성 및 운영 등에 관한 전반적인 사항을 규정하고 있다.

- IAEA의 기구설립을 위한 법적 근거 제공

- 회원국의 지위 획득 : 이사회의 권고에 따라 총회의 승인을 받은 다음 수락서를 기탁국 정부에 기탁함으로써 회원국의 지위를 얻게 됨

- 총회(General Conference) : 모든 회원국의 대표로 구성된다. 정기총회는 매년 9월 하순에 개최되며 이사회의 요청이나 회원국 과반수의 요청이 있을 경우 특별총회가 개최된다. 총회는 이사국 선출, 신규 회원국 승인, 회원국의 특권 및 권리의 정지, 예산승인, UN에 대한 보고의 승인, UN 및 전문기구와의 협정승인, 헌장개정의 승인, 사무총장 임명 승인에 관한 임무를 수행한다.

- 이사회(Board of Governors)는 의사결정체로서 35개국으로 구성되며, 연 4회 개최한다. 주요 업무로는 기구의 사업, 예산검토, 총

회에 권고, 회원국 가입의 심의, 안전조치 관련협정 및 기구의 안전 기준 관련 조치 등을 승인한다.

- 사무국(Secretariat) : IAEA 실무 담당조직으로서 사무총장이 업무를 총괄한다. 사무총장은 총회의 승인을 얻어 이사회가 임명하며 임기는 4년이다. 사무국은 기술협력부, 원자력에너지부, 원자력안전부, 행정부, 원자력 과학 및 응용부, 안전조치부 등 6개 부로 구성되어 있다. 또한 업무의 효율성을 제고하기 위해 각종 위원회를 상설 또는 한시적으로 설치–운영하고 있으며, 자문기구를 두고 있다.

(2) IAEA의 기능 및 역할

IAEA의 목적은 '핵확산금지조약(Nuclear nonproliferation treaty : NPT)' 체제를 확고하게 보장하는 데 있다. IAEA의 주된 활동과 기능은 첫째, 원자력이 세계평화 및 보건, 번영에 기여할 수 있게 하고, 개발도상국의 전력생산을 포함한 원자력의 실용적 활용을 지원하는 것, 둘째, 핵안전 기준과 지침의 개발 및 보급을 통해 사고를 미연에 방지하며, 사고 시 비상 대응체제를 운영하는 등 원자력의 안전 기준을 제정하고 안전을 제고하는 것이다.[45] 특히 IAEA의 통제나 감독하에 제공된 핵분열 물질이 군사적 목적에 이용되는 것을 방지한다.

---

45) 한용섭, "국제핵확산 금지조약과 국제 원자력기구," 윤영관 · 황병무 공편, 『국제기구와 한국외교』(서울: 민음사, 1996), pp. 166~167.

이를 위해 IAEA는 사찰관의 파견을 통해 관련 국가의 의무사항 여부를 확인하여 시정조치 등을 명령한다. 만약, 회원국이 이를 거부하거나 시정명령을 이행하지 않을 경우 IAEA는 UN 안보리에 이를 보고한다. 그밖에 핵에너지의 개발, 의학, 농업, 수자원 및 산업에서 방사성동위원소의 이용에 대한 연구를 진행하고, 장학금, 훈련과정, 회의, 간행물을 통한 과학적 정보와 기술을 지원하며 핵위험성의 법률적 측면을 다루는 활동을 한다. 이를 세분화 시켜서 보면 다음과 같다.

【IAEA의 목적과 기능】

- 평화적 목적의 원자력 연구/개발/실제적 활용과 장려/지원
- 평화적 목적을 위한 원자력 연구/개발 및 실제적 활용에 유용한 용역 수행
- 평화적 목적을 위한 원자력의 실제적 활용에 유용한 장비 및 시설 공급
- 원자력의 평화적 이용에 관한 과학 및 기술 정보교환 촉진/과학자 및 전문가의 교환
- 특수핵분열성 물질(special fissionable materials) 및 기타물질, 용역, 장비, 시설 및 정보의 군사적 목적으로 전용되지 않도록 보장하기 위한 안전조치 설정/실시

IAEA의 주된 활동과 관련된 핵안전조치에 관해서 살펴보면, 이에 대한 근거는 1953년 미국의 아이젠하워 대통령이 한 '원자력의

평화적 이용'을 선언이었고 이로써 미국이 원자력 국제협력을 활발하게 추진하게 되었다. 그리고 핵안전조치에 대한 법적 근거는 IAEA 헌장이다. IAEA 헌장은 안전조치 수행의 기본원칙으로서 원자력의 평화적 이용을 증진하는데 그 목적이 있고 또한 IAEA가 원조하는 모든 원자력 활동이 군사적 목적으로 전용되지 않았다는 사실을 회원국들이 증명·보장하도록 요구하고 있다. IAEA 헌장이 규정하는 핵안전조치 관련 조항과 내용은 다음과 같다.[46]

- 제12조 : IAEA의 사업 또는 기타 협정에 관하여 관계 당사국의 요청이 있을 때 IAEA는 그 사업 및 협정과 관련된 범위 내에서 '원자로를 포함한 모든 전문적 장비와 시설의 설계검토, 기구가 규정한 보건 및 안전기준의 준수 요구, 운영기록의 작성 및 유지 요구, 경과보고 요구와 접수, 조사된 물질의 화학적 처리수단 승인, 관계 국가의 영토 내에 기구가 지정한 사찰관 파견'에 관해 규정하고 있다.

그러나 IAEA의 안전조치 활동의 법적 근거는 위와 같은 헌장의 규정만으로는 불충분하다. 안전조치에서 IAEA와 각 회원국 사이에 부여되는 권리와 의무는 각 회원국과 IAEA 간의 안전조치협정이 체결된 후 비로소 효력을 발휘하게 된다. 한편, 개별 국가가 안전조치 의무를 규정한 안전조치협정을 IAEA와 체결하게 되는 동기는 우선, 해당국이 IAEA로부터 또는 IAEA를 통해 핵물질 및 기타 물질, 서비스, 장비, 시설 및 정보 등을 공급받을 수 있기 때문

---

46) http://www.iaea.or

이다. 이 경우 IAEA는 공급의 전제조건으로서 안전조치를 요구할 수 있게 되고 이런 안전조치 내용은 해당국과 IAEA 간에서 체결하는 사업협정에 명시된다. 또 다른 경우는 다른 국가로부터 원자력 관련 지원을 받기 위해 양국 간 원자력협정을 체결할 경우가 있다. 일반적으로 양국 간 원자력협력협정에서는 수출 또는 이전의 전제조건으로서 수혜국이 IAEA와 핵 안전조치협정을 체결해야 하고, IAEA의 안전조치를 수용하도록 규정되어 있다. 어느 쪽이든 간에 수혜국은 IAEA와 안전조치 협정을 체결해야 한다.

한편, 해당국이 지역적 또는 국제적 핵비확산 체제에 가입하는 경우가 있다. 예를 들면, NPT와 지역 체제인 중남미 비핵지대조약(Tlateloco) 및 남태평양 비핵지대조약(Rarotonga)에서는 조약 당사국이 IAEA와 전면 안전조치협정을 체결하고 자국의 모든 원자력 활동에 대해 안전조치를 받을 것을 의무로 규정하고 있다.

그리고 마지막으로, 핵무기 보유국에 해당하는 경우인데 이런 국가들은 독자적이고 자발적으로 IAEA와 안전조치협정을 체결하고 지정된 시설에 안전조치를 적용하도록 했다. 현재 공식적인 핵무기 보유국에 해당하는 5개국은 자발적으로 IAEA와 안전조치 협정을 맺었고 그것을 준수하고 있다.

IAEA의 핵안전조치의 유형은 크게 보아 부분적 안전조치와 전면적 안전조치 두 가지로 구분된다. 먼저, 부분적 안전조치란 해당국의 원자력 활동 중 일부에 대해서만 안전조치를 적용하는 경우를 말한다.

안전조치의 목적은 해당 국가가 자국의 원자력 프로그램이 평화적 이용에만 국한되고 있다는 것을 국제사회에 확신시키는 데 있다. 이에 대한 주요 구성요소를 보면, 첫 번째 계량(Accountancy)으로 핵분열성 물질의 위치, 핵연료 및 사용후 핵연료의 축적량, 핵물질의 가공 및 재처리 등에 대한 대상국가의 보고 둘째, 격납(Containment) 및 감시(Surveillance)로서, 물질의 분실 유무를 파악할 수 있도록 하는 봉인(Seals), 시설에서 벌어지는 활동의 녹화 셋째, 사찰(Inspection)로서 기구 사찰관들에 의한 봉인 확인, 장부검증, 재고조사 등을 포함한다.

특히 이 조치는 NPT 발효 이전에 적용됐고 현재는 핵무기 비보유국으로서 원자력 프로그램이 있으나 NPT에 가입하지 않고 있는 나라들에 대해 적용하는 조치다. 이런 국가들에 대한 안전조치는 대부분의 경우 원자로나 핵물질을 공급국이 수혜국으로 공급할 때 공급국과 수혜국 간에서의 안전조치 적용에 대한 책임을 IAEA가 갖도록 할 때 실시된다. 다음으로 전면적 안전조치(Full-scope Safeguards)란 당사국의 모든 원자력 활동에 대해 IAEA가 안전조치를 하는 것을 말한다. 북한 핵문제의 경우 IAEA가 요구하는 북핵 안전조치의 수준은 전면적인 안전조치 실시 요구다.

그런데 북한은 1993년 3월 NPT를 탈퇴했다. 국제사회는 그 후 북한과 대화와 협상을 반복했고 북한은 2002년에 다시 복귀했다. 그러나 그 후 북한은 NPT 탈퇴와 복귀를 거듭하면서 결국 핵무기 도발과 추가도발로 맞서고 있다. 여기서 문제는 북한의 핵개발은

NPT와 IAEA를 무시하면서 진행되고 있다는 점이다.

북한은 2009년 IAEA의 안전조치와 사찰을 거부한 후 현재까지 안전조치와 사찰이 이루어지지 않았고 결과적으로 북한 내 핵물질의 양과 관리 상태를 정확히 알 길이 없는 것이 실상이다.

(3) IAEA의 안전조치 이행을 위한 NPT

그런데 돌이켜 보면 IAEA가 발족했음에도 불구하고 프랑스와 중국 등이 1960년대에 핵실험에 성공함으로써 오히려 핵확산이 가속화되는 현상이 발생했다. 미국이 1945년 맨하튼 프로젝트를 통해 핵무기를 개발한 이후 소련이 1949년, 영국이 1952년, 프랑스가 1960년, 중국이 1964년, 인도가 1974년에 핵실험에 성공하며 공식적인 핵무기 보유국이 되어 핵무기 확대가 확산 일로로 치닫고 있었다.

이에 따라 미국은 더욱 강화된 핵비확산 체제가 필요하다고 주장했고 여기에 핵보유국인 소련과 프랑스 등이 인식을 같이했다. 즉, 이들은 더 이상의 핵확산은 정치, 경제, 군사안보를 비롯한 국제관계에 도움이 되지 않는다고 판단하여 1968년 7월 미국과 소련을 비롯한 56개국이 성립시킨 조약이 바로 '핵확산금지조약(NPT)'이었다. NPT는 1970년 5월부터 발효되었다. NPT는 제2차 대전 이후 핵에너지 및 핵무기 확산 위험에 대한 관련국들의 공통 관심과 우려의 반영의 결과라 할 수 있다.

NPT의 주요 내용을 보면, 공식적인 5개 핵보유국(미국, 러시아, 영국, 프랑스, 중국) 외에 추가로 핵무기가 확산하는 것을 금지하기 위해 핵비보유국에게 IAEA와의 안전조치 협정을 체결하도록 규정하고 있다. 이에 따라 NPT는 핵전쟁의 위험을 방지하고 인류의 안전보장을 위해 평화적인 원자력 활동에 대해 IAEA의 안전조치를 적용하고, 원자력기술의 평화적 이용 이익을 모든 당사국에게 제공하며, 핵무기 경쟁 중지는 물론 핵군축을 위해 협력하도록 규정하고 있다.[47] 또한 핵보유국들이 핵비보유국들에게 핵무기 및 핵폭발장치의 제조, 획득, 관리에 대한 원조를 하거나 장려하는 것을 금지하고 있다.

하지만 핵무기의 소유권과 통제권이 이들에게 이전되지 않는 한 이들의 영토에 핵무기를 배치하는 것에 대해서는 금지하지 않고 있다. 결국, 핵 비보유국에게는 핵무기 및 폭발장치의 인수나 관리, 무기의 제조, 획득 등을 핵보유국으로부터 지원받는 것만 금지된다고 볼 수 있다. 핵안전조치는 모든 평화적 원자력 활동과 관련된 핵분열성물질에 엄격히 적용되며, 이와 같은 물질 또는 장비를 핵비보유국에게 이전하는 경우에도 안전조치가 적용된다.

한편, 핵비보유국에게는 핵무기 및 핵폭발장치의 인수 또는 관리가 금지되며 그러한 무기의 제조, 획득 등 모든 과정에서 타국으로부터 지원을 받는 것이 금지된다. 핵비보유국의 영역이나 관할

---

47) http://www.iaea.org.html.

하에 있는 모든 평화적 원자력 활동과 관련된 물질, 핵분열성 물질에는 안전조치가 적용되며, 이런 물질 또는 장비가 핵비보유국에게 이전될 경우에도 안전조치가 엄격히 적용된다.

동 조약의 이행상황은 5년마다 검토되는데,[48] 1980년 제2회 검토 회의에서는 개발도상국이 미국과 소련 두 나라에 대해 핵 군축이 진전되지 않았다는 불만을 토로했다. NPT 당사국들은 1975년부터 5년마다 핵비확산 의무, 핵군축 상황, 원자력의 평화적 이용 등 조약의 주요 구성요소별 이행 상황과 조약 이행에 영향을 미치는 요소들에 대해 검토를 한다.

한국은 1975년 4월 86번째로 NPT를 정식으로 승인한 나라가 되었다. 북한은 1985년에 가입했으나 1993년 3월 이를 탈퇴했고 1994년 제네바 합의로 인해 다시 복귀 한 바 있다. 그러나 또다시 2002년 핵문제를 야기시킨 후 탈퇴와 복귀를 반복함으로써 IAEA와 NPT의 효력 및 기능에 대한 논쟁을 촉발했다. 한편, 동 조약의 유효기간은 25년으로 되어 있었으나, 1995년 5월 11일 조약 당사국 전원합의로 NPT의 무기한 연장이 결정되어 항구적인 조약으로 자리를 굳히게 되었다.

현재 NPT 체제는 IAEA가 정하는 것 이상으로 강화된 핵안전조치 기준을 규정하고 있는데, 비핵보유국들은 핵보유국들보다 훨씬 엄격하게 핵과 관련된 시설들이 사찰 대상이 된다. 즉, IAEA에서

---

48) 한국원자력연구소 (편), 『핵비확산 핸드북』(서울: 한국원자력연구소, 2003) 참조.

규정된 국제거래 때문에 이전된 원자력 기술을 비롯해 물질, 시설, 독자적 핵시설 등 제반 핵관련 시설물들이 그 대상이 된다.

반면에 기존의 핵보유국들은 이 같은 엄격한 규정이 적용되지 않으며, 이런 사찰 대상에서도 제외된다. 그 대신에 비핵보유국에 대한 평화적 핵활동을 지원한다는 내용으로 되어 있다. 이런 점에서 현행 NPT 체제는 기존의 핵보유국과 비핵보유국 간의 평등성 문제를 야기하고 있는 실정이다. 이에 따라 기존의 5개 핵보유국은 핵무기를 폐지하거나 감축함이 없이 지속적으로 보유할 수 있는 권한을 갖게 되며, 반대로 비핵보유국에게는 새로이 그 어떤 형태로든지 군사적 목적으로의 핵 사용이 금지되어 있다.

결국, IAEA의 기능을 확보하기 위해 마련된 NPT는 5대 핵강대국의 핵주권을 보장하려는 의도가 강하게 내재되어 있다. 그리고 이런 체제를 구축함으로써 5개 핵강대국은 핵무기의 독점적 지배를 통해 핵확산을 막는 것이 가능하게 되었다. 무엇보다도 미국이 NPT 체제 구축에 주도적으로 참여할 수밖에 없었던 것은 소련을 비롯한 나머지 3개국들이 핵무기 능력을 갖게 되었고, 이들의 다른 여러 나라에 대한 핵기술 이전·양도를 막아낼 뚜렷한 방책이 없었기 때문이다. 따라서 미국으로써는 차선책으로 NPT 체제를 구축하게 되었다.

NPT 체제는 형성 초기 어느 정도 핵확산 방지에 기여를 한 것이 사실이다. 그러나 1970년대 중반 인도가 핵실험에 성공하게 되자 동 체제에 대한 문제점이 제기 되었다.[49] 이에 대해 NPT는 특별한 제재를 하지 않았으며, 이는 결국 여타 국가들로 하여금 핵무기를 개발하는 빌미를 제공했다. 이후 파키스탄, 이스라엘, 북한 등이 핵실험에 성공하여 비공식적으로는 이들까지도 핵무기를 보유하고 있는 것으로 추정되고 있다. 한국 역시 70년대 핵개발을 시도했으나 미국의 핵비확산정책에 눌려 성공하지 못했다.

(4) 포괄적 핵실험금지조약(CTBT: Comprehensive Test Ban Treaty)

포괄적 핵실험금지에 대한 필요성은 기존의 핵보유국의 핵확산을 우려해서라기보다는 새로이 핵을 보유하려는 국가들의 핵실험 시도를 봉쇄하기 위해서 제기되었다. 국제사회는 1995년 NPT의 무기한 연장이 이루어져 그 후 핵무기 확산에 대해 어느 정도 마음을 놓고 있었다. 그러나 1998년 인도와 파키스탄이 핵실험을 감행했으므로 핵무기 확산에 대한 우려가 다시 제기되기 시작했으며, 동시에 포괄적 핵실험금지의 필요성이 크게 부각되었다.

이처럼 '포괄적 핵실험금지조약(CTBT)'은 핵비확산을 포함해 군축의 의미가 있다는 점에서 중요성이 매우 크다. 특히 IAEA와 NPT가 핵확산을 방지하는 효과적인 기제로 작동되기 위해서는 CTBT가 전제되지 않으면 안 된다. 다시 말하면 이 두 체제를 지탱

---

49) Joseph Nye S(1985).

하는 것이 CTBT라고 할 수 있다. 즉, CTBT는 모든 핵실험을 금지함으로써 수평적, 수직적 핵확산을 저지하는 핵심적인 조약이라고 할 수 있다.[50] 여기서 수평적 핵확산은 핵비보유국의 핵실험을 통한 핵확산을 말하고 수직적 핵확산은 기존 핵보유국들이 보유한 핵무기의 질적 향상, 새로운 유형의 핵무기 개발을 의미한다.

1996년 UN 총회에서 이 조약이 결의되었다. 현재까지 196개국이 서명하고 162개국이 각 나라에서 승인을 받았으나 이 조약이 공식 발효되기 위해서는 기존 5대 핵보유국 및 원자로 보유국을 포함한 44개국 모두가 이 조약에 가입하여 국내적인 승인을 거쳐야 한다. 그러나 2014년 3월 현재 이들 중에서 핵보유국인 미국과 중국이 국내적인 승인을 마치지 못했고 이란 · 이집트 · 인도네시아 · 이스라엘 · 예멘 등도 국내에서 승인하지 않고 있다. 인도 · 파키스탄 · 북한 등은 조약에 대한 서명도 거부한 상태다. 한국은 1999년 9월 44개국 중 22번째로 국내 승인까지 마쳤다.

그러므로 포괄적 핵실험금지조약이 발효되지 못하는 배경에는 미국이나 중국을 비롯한 핵보유국들의 국내적인 비협조적 태도 등이 영향을 미치고 있다. 북한 핵실험을 막을 수 없는 이유 중 하나가 핵문제에 대해 국제협조가 반드시 일치되었다고 말할 수 없는 상황을 지적할 수 있다.

---

50) http://pws.ctbto.org.html.

2) 쌍무적 및 군축회의를 통한 통제노력

(1) 쌍무적 통제 노력

핵무기에 대한 쌍무적 통제는 냉전 기간에 양 진영의 리더였던 미국과 소련 간에서 진행되어 오늘날에도 미국과 소련을 이은 러시아 간에서 계속되고 있다. 냉전기의 대표적인 쌍무적 통제조치로는 1970년대에 미국과 소련 간에 체결된 반탄도미사일협정(Antiballistic Missile Treaty, 1972년에 체결)과 1단계 및 2단계 전략무기제한협정(SALT: Strategic Arms Limitation Treaty)을 들 수 있다. SALT I과 SALT II는 각각 1972년과 79년에 체결되었다.

'반탄도미사일협정'은 탄도미사일 방어체제의 과도한 발달로 인해 공격용 전략무기 개발경쟁이 과열되는 것을 방지하려는 의도로 체결되었으며 '전략무기제한협정'은 탄도미사일 및 미사일발사대의 수에 상한선을 정해 무제한적인 탄도미사일 증강을 막으려는 목적으로 체결되었다.

미·소간의 핵무기 통제는 1985년 소련의 고르바초프 서기장이 '신사고' 외교정책을 표방하면서 더욱 활발히 진행되었다. 그리하여 1986년에는 1991년 6월까지 양국이 보유하고 있는 중거리(1,000~5,500㎞) 및 단거리(500~1,000㎞)의 지상발사 탄도 및 크루즈 미사일을 완전히 폐기할 것을 규정한 중거리핵전력감축협정(INF Treaty)이 맺어졌다.

두 나라의 핵통제 노력은 탈냉전기에 들어 더욱 강화되어 연이은 전략무기감축협정(START: Strategic Arms Reduction Treaty)의 체결로 나타났다. 1991년 7월에 조인된 START I은 핵무기 통제에서 감축이 아닌 보유 상한선 규정에 그쳤던 70년대의 SALT보다 진일보한 것으로, 7년 동안 단계적으로 양국의 전략핵탄두 수를 6,000기까지 줄이기로 합의를 보았다. 지금까지 이 축소조항은 순조롭게 이행돼 온 것으로 평가된다.

START I에 이어 1993년 1월에 미국과 러시아연방 사이에 조인된 START II는 2003년까지 다탄두 각개목표 재돌입 미사일(MIRV) 식의 대륙간 탄도미사일(ICBM)을 폐기하는 동시에 두 나라의 전략핵탄두 규모를 3,000~3,500기로 감축시킬 것을 규정했다. 그러나 이 조약에 비준한 미국 의회와는 달리 러시아 의회의 경우 옐친 대통령과 의회 내 다수를 점하고 있는 반대세력 간의 갈등으로 인하여 의회에서 승인을 받지 못했다.

그러나 2000년 4월 러시아 의회에서도 진통 끝에 이 조약을 승인했다. 그리고 2002년 5월에 조지 부시 미대통령과 러시아의 푸틴 대통령은 '전략적 공격 전력 감축 협정(NEW START)'에 조인했다. 이 조약은 양국이 보유하는 5,500~6,000개의 핵탄두를 2012년까지 1,700~2,200로 줄이는 것이 골자다. 이 조약을 2003년에 미국의회와 러시아의회 모두가 승인했다.

이와 같은 미 · 소, 그리고 미 · 러 간의 쌍무적 핵무기 통제는 대체로 일정할 만한 성과를 올리면서 진행돼 온 것으로 평가된다. 특히 탈냉전기에 접어들어 종래의 핵보유 상한선 확정에서 더 나아가 본격적인 핵감축 과정에 들어간 것이다.

그러나 NEW START 이후에도 미러 양국은 각각 2,000기 이상의 전략핵탄두를 보유하고 있으며 비핵보유국과 여타 핵보유국과 비교할 때 여전히 미국과 러시아를 초핵강대국으로 유지하기에 충분하다. 그러나 엄청난 파괴력의 핵탄두 수가 많이 줄어들었다는 점만으로도 긍정적인 의미를 지닌다고 볼 수 있다.

(2) 군축회의

세계 평화·안보 증진이라는 창설 목표의 구현을 위해 UN은 산하, 그리고 UN 외에 군축을 위한 여러 개의 국제기구를 갖고 있다. 중요한 예로는 총회 제1위원회(First Committee), UN 군축위원회 (Disarmament Commission), 그리고 UN 외의 기관으로서 군축회의 (UN Conference on Disarmament Issues)를 꼽을 수 있다. 이들 가운데 가장 많은 국가가 참여하여 다자적으로 활동하는 기관은 군축회의다. 군축회의는 군축문제를 다루는 독립적인 국제협상포럼으로, 1989년에 일본의 다케시마 노보루(竹下登) 수상에 의해 설치가 제의되었다. 제네바에 본부를 두고 있으며 제네바 군축회의로도 불린다.

2016년 12월 현재 군축회의에는 5개 핵강국을 포함해 모두 65개 국이 참가하고 있으며, 이들은 주로 군비통제 관련 조약의 체결을 위한 협상에 참여한다. 공식 참가국 외의 다수의 다른 나라들도 비회원국으로서 참여가 허용된다.

군축회의의 토의사항은 원칙적으로 개방돼 있지만, 참여국들은 일반적으로 대량파괴무기, 재래식 무기, 군비축소 및 신뢰구축조치를 논의해 오고 있다. 이런 의제들에 관한 실무는 대부분 필요 때문에 임시 설치되는 특별위원회에 의하여 수행된다. 대표적 예로는 1996년 7월 UN 총회에서 통과된 포괄핵실험금지조약의 타결을 위한 협상을 들 수 있다. 1998년에는 핵분열물질중지조약(FMCT, Fissile Material Cut Off Treaty)의 체결을 둘러싼 논의가 진행되었다. 여기에는 98년 봄 핵실험을 감행한 인도와 파키스탄을 포함한 회원국 모두가 참여했다.

2016년 12월에는 일본 나가사키시에서 군축회의 '핵무기 없는 세계로'가 개최되었고 각국의 정부 관리들이 핵군축을 협의했다. UN에서 2016년 10월에 채택된 '핵무기 금지 조약'에 관한 결의에는 핵보유국과 핵 비보유국 간의 대응이 차이가 분명했다. 이 군축회의에는 서로 입장이 다른 각국의 담당자가 개인 자격으로 참가해 핵 군축의 필요성에 대해 토의했다.

이 회의에는 미국, 러시아 등 핵보유국을 포함한 약 20의 국가와 기관의 고위 관리 및 군축 전문가들이 참여했다. 참가자는 나가사키시의 원폭자료관을 방문했고 원폭 피해자들과도 교류했다.

3) 핵비확산 저지노력의 한계 : IAEA와 NPT의 한계

주지하는 바와 같이 북한은 1974년 IAEA에 가입했고, 1977년에는 실험용원자로에 대한 사찰을 받았다. 그리고 북한은 미국과 소련의 압력하에 1985년 12월 NPT에 가입했다. 그런데 미국과 프랑스의 인공위성이 북한의 핵개발에 대한 징후들을 발견한 후 북한의 핵개발에 대한 의혹이 끊임없이 제기되어왔으나 결정적인 물증은 확보하지 못했다. 이 과정에서 북한은 1992년 1월 30일 IAEA의 전면 안전조치에 서명한 후 6차례 걸쳐 임시사찰을 받았고 사찰결과 핵폭탄의 핵심원료인 플루토늄 상당량을 추출한 것으로 밝혀져 이에 대한 해명을 요구받았다. 동시에 미신고 지역에 대한 IAEA의 특별사찰을 요구받게 되자 1993년 3월 NPT탈퇴를 선언했다.[51]

북한의 탈퇴선언이 있자 1993년 4월과 5월 IAEA의 특별이사회 결의와 안보리 결의가 채택됨으로써 북한 핵문제는 위기 상황으로 치달았다. 이에 북·미 고위급 간 접촉이 있었으나 핵문제의 실마리는 풀리지 않았다. 북한이 IAEA의 정상적인 사찰을 계속 거부하며 5MW 원자로의 연료봉 인출을 강행하자 IAEA는 6월 북한에 대한 제재를 채택했다. 이에 북한은 6월 13일 IAEA마저 탈퇴하고 말았다.

---

51) 백봉종, "북한의 핵문제의 우리의 대응," 『북한 핵문제, 남북관계와 동북아지역 국제외교 환경』, 한국국제정치학회 · 한국세계지역학회 · 한국동북아학회 주최 공동 학술회의 발표논문(2002), p. 382.

북한의 이와 같은 극단적인 행동으로 인해 북핵위기가 고조되자 1994년 6월 카터 전 미대통령이 북한을 방문하여 김일성 주석과 면담했으며, 이후 북·미간 고위급회담이 개최되어 1994년 10월 21일 제네바 핵합의에 북·미 양측이 서명했다. 제네바 합의의 기본 골자는 북한이 흑연감속로를 비롯한 주요 핵시설을 동결하는 것이었고, NPT와 IAEA에 복귀하는 것은 물론 IAEA의 핵사찰을 수용한다는 데 있었다. 이처럼 제네바 합의로 인해 북핵문제가 진정의 기미를 보이는 듯했으나 2001년 부시 행정부가 출범하면서 북핵문제는 새로운 국면을 맞게 되었다.

2002년 1월 29일 부시 대통령은 연두 국정연설에서 전 세계의 테러조직 소탕과 대량살상무기(WMD : Weapons of Mass Destruction) 개발 국가들로부터의 위협방지를 목표로 설정하고 북한을 이라크 등과 함께 "악의 축"으로 규정했다.[52] 또한 미국은 같은 해 1월에 발간된 핵태세 검토보고서(NPR : Nuclear Posture Review)에서도 북한을 핵 선제공격 대상으로 지목하는 등 북한에 대한 공세의 수위를 높여 갔다.

이에 따라 북·미간 대립의 각은 점점 날카로워 지게 되었고, 2002년 10월 16일 북한의 핵개발 계획 시인이 발표되면서[53] 북핵문제는 새로운 국면을 맞게 되었다. 북핵문제의 재발과 관련하여, 북한의 강석주 외무성 제1부상(당시)은 "핵무기를 비롯한 이보다 더

---

52) 『조선일보』, 2002. 1. 31.
53) 『연합뉴스』, 2002. 10. 25.

한 것도 갖고 있다"고 발언함으로써 북핵문제는 파국으로 치달았으며, 1994년 제네바 합의사항들이 전면 재검토되거나 이행 중이던 후속 조치들이 중단되었다.

특히 북한이 미사일기술을 파키스탄에 제공한 대가로 받은 가스 원심분리기 등의 장비와 기술을 이용해 농축우라늄을 이용한 비밀 핵프로그램을 진행시키고 있는 것으로 알려지면서 북핵문제는 더욱 악화하였다.[54]

북핵문제 재발 이후 한·미 양국과 중국, 러시아, 일본을 포함해 북한을 참가시켜서 북핵문제 해결을 논의했다. 6자회담이라는 다자간 협상의 틀이 2003년 8월부터 마련되어 문제해결에 대한 가능성을 보이기도 했지만, 뚜렷한 합의점을 도출하지 못했다. 특히 2004년 6월에 베이징에서 열린 3차 6자회담 이후 북한 측의 일방적인 회담 불참선언으로 인해 회담은 장기간 중단되었고, 그 후 북·미 상호간은 회담 참가 여부를 놓고 기 싸움을 계속했다. 이 과정에서 북한은 영변 원자로의 가동을 중단하며 폐연료봉을 인출[55]했다고 발표함으로써 핵위기를 더욱 고조시켰다. 특히 폐연료봉 인출사태는 북한이 실질적인 핵물질의 추출 순서를 밟아가고 있지 않으냐는 의혹을 불러일으키게 되었으며, 일각에서는 북한의 핵실험

---

54) Daniel A. Pinkston, "When Did WMD Deals between Pyongyang and Islamabad Begin?," *Center for Nonproliferation Studies*(October 28, 2002).
55) 『북한외무성 담화』, 2005. 5. 11.

에 대한 우려도 제기되었다.[56]

상황이 이러함에도 불구하고 관련국들 간 문제 해결을 위한 대화가 열리지 않아 핵을 둘러싼 북·미간의 장기갈등이 예상되었다. 당시 문제가 된 북한의 폐연료봉 인출과 관련해서 볼 때, 북한은 이미 2002년 12월 부시 행정부가 경수로 제공을 기본으로 한 북·미 기본합의를 뒤집어엎고 핵무기로 위협하기 때문에 합의문에 따라 동결시켰던 5MW 시험 원자력발전소의 가동과 5만~20만 KW 원자력발전소의 건설을 재개한다는 것을 밝힌 바 있다. 이런 연장 선상에서 북한은 방위 목적에서 핵무기고를 늘리는데 필요한 조치를 해나가고 있음을 밝혔다.

한편 부시 행정부는 제네바 합의를 근거로 북한이 경수로의 원자로 등 핵심부품을 인도받기 전까지 핵투명성을 위한 국제원자력기구의 핵사찰을 수용해야 함을 촉구했다. 또한 미국은 경수로 공사의 진행 상황을 감안할 때, 핵심부품 인도는 2005년경에 이루어지는 만큼 핵사찰에 소요되는 시간을 감안하여 즉시 국제원자력기구의 사찰이 개시되어야 한다고 했다. 그러나 북한은 미국의 이와 같은 주장을 일축했으며, 자신들은 현재 및 과거에도 제네바 합의를 충실하게 이행했기 때문에 미국의 핵사찰 주장은 터무니없는 것이며, 오히려 미국은 경수로 건설지연에 따른 보상금 지급이 핵사찰에 우선되어야 한다고 맞섰다. 동시에 북한은 북·미 제네바 합

---

56) 『연합뉴스』, 2005. 5. 15.

의를 내세워, 경수로 건설이 상당히 진척되어 경수로의 핵심부품이 북한에 들어가는 시점에서 사찰을 받도록 한 규정을 근거로 하여 미국의 이와 같은 '조기사찰' 요구를 일축했다.

이렇게 하여 1994년의 북·미 제네바 핵합의는 양자 간의 과거 핵규명, 핵사찰 일정, 그리고 경수로 지연 문제 등에 대한 입장과 해석의 차이로 인하여 대치국면을 지속할 수밖에 없는 상황이 되었다. 2001년 9월 18일 미국외교협회는 북·미간에 이런 갈등은 또 다시 한반도의 긴장을 고조시킬 수 있다는 우려를 표명한 바 있으며, 이런 갈등을 해소하기 위하여 미국이 북한과 신속하게 대화하는 것을 외교정책의 최우선 순위로 권고하기도 했다.

결국 북핵문제는 좁혀지지 않는 북·미간의 입장과 해석의 차이로 인해 파국의 상황을 맞게 되었다. 미국은 우선 2002년 11월 15일 12월분 대북중유 공급을 중단하기로 결정했다. 한·미·일과 유럽연합(EU)이 15일 미국 뉴욕에서 열린 한반도에너지개발기구(KEDO)집행이사회에서 대북 중유제공을 12월분부터 중단하기로 결정하고 북한에 핵개발을 즉각 포기하도록 촉구했다. 그동안 미국은 의회의 강경 분위기를 내세워 11월분 대북 중유공급마저 즉각 중단해야 한다는 입장이었지만, 한·일 양국은 북핵 사태에도 불구하고 중유공급이 지속돼야 한다는 입장이었다.

결국, 이 결정은 미국이 11월분 중유는 예정대로 공급하겠다며 한 발 물러섬으로써 한·일 양국의 입장을 어느 정도 배려하면서 북한에 대하여 한 달 안으로 핵 개발 계획을 포기하도록 시한 부성 경고를 보낸 셈이었다. 이에 따라 제네바 합의에 의한 한반도에너지개발기구(KEDO : Korean Peninsula Energy Development Organization)의 대북 중유공급이 중단되었고, 북한 역시 미국의 이런 조치에 대해 핵프로그램 동결 해제 및 핵발전소의 가동 선언으로 대응했다.[57] 특히 북한은 핵봉인 제거, 핵시설 감시카메라 철거, 국제원자력기구의 감시원 국외퇴거 등의 강경 조치로 대응했다. 북한이 결국 2003년 1월10일 NPT 탈퇴 및 IAEA와 체결한 핵안전협정조치로부터의 자유를 선언함으로서 1994년 북미 제네바 합의는 사실상 폐기되었다.[58]

이후 중국의 중재로 베이징 3자회담과 5차례에 걸친 6자회담이 개최되어 북핵문제의 해결이 기대되었다. 특히 4차 회담에서는 6개국이 공동성명을 발표하면서 핵문제 해결에 대한 전망을 밝게 했으나 5차 회담 이후 별다른 진전을 보이지 않았다. 결국, 2006년 10월 9일 북한이 1차 핵실험을 감행함으로써 북핵문제는 이제 새로운 국면을 맞게 되었다.[59]

이와 같은 북한의 핵실험을 두고 다양한 주장들이 제기되고 있다. 우선은 핵실험 감행 후 자연스럽게 비공식적인 핵보유국으로 인정받고자 한다는 것이다. 실제 이와 같은 형태를 통해 비공식적인 핵보유국이 된 국가들도 있는데, 바로 인도와 파키스탄이 이 경

---

57) 정성장 · 백학순 공저, 『김정일 정권의 생존전략』(성남: 세종연구소, 2003), p. 78.
58) 『동아일보』, 2002. 12. 23 ; 『조선중앙통신』, 2003. 1. 10.
59) 『동아일보』, 2006. 10. 10.

우에 해당된다. 또한 6자회담의 답보상태에 대한 김정일의 국면돌파 수단일 것이라는 추측을 비롯해 체제 내부의 이상 징후와도 무관하지 않다는 것이다.이후 북한은 2016년까지 2차~5차 핵실험을 감행했다.

북한은 핵문제를 일으키며 1993년과 2002년 두 번에 걸쳐 NPT 탈퇴와 복귀를 반복했다. 북한의 이런 태도에서 NPT 체제의 근본적인 문제점과 IAEA의 안전조치에 대한 허점을 발견할 수 있다. 즉, 북한이 IAEA 협정 위반과 NPT 탈퇴 및 복귀라는 국제기구 규범에 대한 위반 행태를 반복하고 있지만, 이를 주도하는 관련국들의 대응은 북한을 UN 안보리에 이관시킨다거나 또는 각종의 대북한 봉쇄조치를 취할 것이라고 하는 등의 위협 수준에 국한되었다.

이에 따라 현재 NPT는 그 효용과 신뢰성 문제에 직면해 있다. 무엇보다도 현재의 NPT 체제하에서 북한이 농축 및 재처리시설을 합법적으로 보유한 후 NPT를 탈퇴했다. 이 때문에 국제안보 및 정치적 측면의 문제를 제외하면, 이에 대한 행위를 처벌할 법적 근거가 없다는 데 문제가 있다. 2003년 이후 북한을 비롯한 일부 국가들에게 비밀 핵프로그램이 있다는 사실이 밝혀지면서 IAEA와 NPT의 한계를 근본적으로 극복하지 않으면 안 된다는 주장들이 국제사회의 공감대를 얻고 있는 것은 바로 이런 이유에서이다.

이란의 핵문제도 IAEA와 NPT의 이와 같은 취약성을 반영하는 측면이 있었다. 특히 NPT는 5년마다 한 번씩 평가회의를 개최하고 있는데 현재의 체제로는 북한과 같이 NPT를 탈퇴한다거나 체제 위반 사례와 같은 비상사태의 경우 시기적절하게 대응할 수 없는 것이다.[60] 이런 문제점 해결방안으로 현재의 평가회의를 매년 개최하는 일반회의로 바꾸자는 제안이 아일랜드와 캐나다에 의해 제안되기도 했다.

한편, NPT는 안보·군축 분야의 조약 가운데 자신들이 각국과 맺는 조약이 가장 보편성 달성에 근접해 있는 조약이라고 한다. 그러나 비공식적인 핵보유국으로 간주하는 인도, 파키스탄, 이스라엘 등은 NPT에 가입하지 않고 있다. 이들이 NPT에 가입하지 않는 목적은 뚜렷하지 않으나 대체적으로 인도는 중국을 그리고 파키스탄은 인도를 견제하기 위한 측면이 강하다고 볼 수 있으며, 이스라엘은 중동에서 자국의 안보를 위해 NPT에 가입하지 않는 것으로 판단된다.

---

60) 류광철, "NPT 체제의 장래: 제7차 NPT 평가회의 결과 및 평가를 중심으로," 외교안보연구원 편, 『주요국제문제 분석』(서울: 외교안보연구원, 200), pp. 220~221.

제3장. 국제안전과 미사일

미사일은 핵무기와 더불어 냉전기는 물론 그 후에도 여전히 국제안보를 위협하는 주요 요인이 되고 있다. 특히 동북아지역은 미사일에 의한 심각한 안보위협에 직면해 있다. 이런 문제의 중심에는 북한과 미국이 있다. 북한은 지속적으로 중장거리 미사일 시험발사를 통해 지역 안보를 교란시키고 있다.[61]

1998년 시험 발사한 대포동 미사일은 유효사거리가 주변국의 범위를 넘어서는 장거리 미사일로 판명되었다. 이런 문제를 해결하기 위한 노력들이 진행되었지만, 근본적인 문제들은 해결하지 못한 상태가 되었다. 이런 상황에서 2006년 7월 5일 북한은 또다시 미사일 시험발사를 통해 지역 안보를 크게 흔들어 놓았다. 이런 행태들이 군사훈련의 일환과 동시에 주변국에 대한 군사력의 과시라고 할 수 있으나 이는 분명 역내의 미사일 확산을 부추길 수 있다는 우

---

61) 남만권, "북한 핵, 미사일문제, 전략적 의미와 본질적 해법," 『동북아 안보정세분석』(서울: 국방연구원, 2006)을 참조.

려를 낳고 있다. 미국 역시 부시행정부에 들어와 MD 구축에 더욱 박차를 가하게 되면서 중국을 비롯한 러시아의 반발을 야기했다. 중·러와 미국의 미사일을 둘러싼 갈등은 오바마 대통령 시대에는 확산되지 않았지만, 트럼프 시대를 맞이해 다시 재연될 우려가 있다. 본 장에서는 미사일 관련 주요 문제들을 살펴볼 것이다.

1. 위험과 확산의 원인

미사일은 핵탄두 및 화학무기 등을 탑재하여 최단시간, 그리고 최장거리를 손쉽게 날아갈 수 있는 유용한 무기체계라는 점에서 핵 문제와 함께 해결해야 할 중요한 국제안보 현안이다. 미사일의 위험성은 걸프전과 이라크전에서 이미 입증된바 있다. 또한 북한의 경우 주변 지역은 물론 태평양 지역까지 날아가는 장거리 미사일 개발에 성공함으로써 커다란 국제적 파장을 불러일으키고 있다.

문제가 되는 것은 지역적 방어망을 초과하는 장거리 탄도미사일의 수평적 확산(horizontal proliferation)이다. 2013년 시점에 약 27개국이 탄도미사일을 보유하고 있다. 이 숫자는 현재 개발 중인 국가들을 포함하면 더 늘어난다. 최근 미사일이 문제가 되는 국가들은 이란을 비롯한 북한 등이라고 할 수 있으며, 이를 방어하기 위한 미국의 MD도 방어와 공격이라는 양면적 특성 때문에 주변국의 반발을 야기하고 있다. 2016년만으로도 북한은 20발 이상의 미사일 발사했다.

미사일 문제는 냉전기 동안에는 크게 주목을 받지 못했었다. 미·소양국간 군축의 주요 의제가 핵무기 감축 등에 초점이 맞춰져 있었기 때문이다. 그러나 1990년대 들어 걸프전과 1998년 8월 북한의 대포동 미사일 시험발사 사건, 2002년 인도와 파키스탄 간 미사일개발 경쟁의 본격화, 북한에 의한 미사일 연속 발사 등으로 인해 미사일 문제가 주요 국제안보 현안으로 부상하게 되었다. 개별국가들의 이런 미사일 개발경쟁과 미사일의 확산 움직임은 미국의 MD를 구체화시키는 계기를 제공했다고도 볼 수 있다.

미사일 개발로 수평적 또는 수직적 확산이 국제사회의 안보 이슈가 되는 이유는 다음과 같다. 미사일 자체가 대량파괴 무기라기보다는 이것이 핵무기, 생화학 무기 등 소위 대량살상무기를 손쉽게 운반하는 수단이 된다는 것이다. 2013년 8월 시리아 수도 다마스카스 부근에서 독가스가 살포되어 많은 시민이 살상되었다. 이것은 미사일과 관련되지 않은 시리아 정부의 화학무기 사용이었으나 미국은 이 사건을 계기로 시리아 내전에 간섭하려고 했다.[62] 그러나 시리아의 동맹국 러시아는 시리아의 아사드 정권이 보유하는 화학무기를 전폐시킨다는 안을 미국과 UN에 제시하여 시리아를 군

---

62) The Page, 2013.8.30. http://headlines.yahoo.co.jp/hl?a=20130830-00010002-wordleaf-int.(2016.12.24. 검색)

사 공격하려는 미국을 복의하게 만들었다.⁶³⁾ 2016년 10월 6일 이라크의 모슬 남부의 마을 케이야라에서 이슬람 과격파 IS가 화학무기의 일종인 마스타드 가스를 포탄에 충전시켜서 사용했다고 국제 인권운동 단체 암네스티(Amnesty International)가 주장했다. 이렇게 화학무기는 세계에서 은밀하게 사용되고 있고 이런 화학무기를 미사일에 장착시켜서 사용하는 것은 현재 기술적으로 전혀 문제가 없는 상황이다.

미사일 중에서도 특히 장거리 탄도미사일은 지역적 방어망의 한계를 초월하는 것으로써 핵이나 생화학 무기와 같은 대량살상무기로 취급된다. 핵무기를 보유하고 있는 대부분의 국가들은 예외 없이 장거리 탄도미사일을 보유하고 있다는 점에서도 미사일이 현 시기 국제안보의 초점이 되는 이유를 말해주고 있다.

한편, 미사일은 냉전기 강대국 간 전략적 안정을 가능하게 했던 억지의 개념을 변화시켰다는 것인데, 상호 간 대량파괴무기를 보유함으로써 전쟁이 발생하지 않는다는 억지의 기본 요소는 상대방이 이성적이라는 가정에 기초를 둔다. 만약, 어느 한쪽이 이성적이지 않는다면 억지 효과는 없어지게 된다. 북한이나 시리아를 비이성적인 국가들로 간주한다면 더는 억지 논리는 성립되지 않는다. 북한 등의 탄도미사일 보유는 미국으로 하여금 냉전기의 억지 논리를 수정하게 하였고, 미국은 결국 이에 대한 대응방식으로 MD를 추진하

---

63) 마이니치신문, 2016. 12. 16. http://headlines.yahoo.co.jp/hl?a=20161216-00000133-mai-m_est.(2016. 12. 24. 검색)

게 된 것이다.[64]

미사일 확산문제의 특성은 무엇보다도 냉전기의 전쟁 억지 논리를 무의미하게 했다는 데 있다. 앞서 언급했던 바와 같이 모든 국가들이 이성적이지도 합리적이지도 않다는 것은 북한과 시리아 등을 통해서 입증되었다. 따라서 미사일을 상호 보유한다고 해서 전략적인 안정이 이루어진다고 볼 수 없다. 전략적 안정과 억지 논리는 보복공격에 대한 두려움을 상호 간에 인식할 때 가능한 것이다. 보복공격에 대한 두려움과 상호파괴에 대한 두려움은 이성적이고 합리적인 판단이 뒷받침될 때 가능한 것이다.

미사일 확산을 규제할 적절한 규범이 존재하지 않는다는 것도 문제라고 할 수 있다. 현재 미사일 확산문제와 관련된 '미사일 관련 기술 수출규제(MTCR)'는 신사협정의 성격을 띤 규범이다. 특히 MTCR은 미사일 폐기문제를 다루는 것이 아니라 기술이전을 통제하기 위한 선언적 조치에 불과하다는 것이다.

미사일 문제에 대한 국제적 합의가 어려운 것은 개별 국가마다 미사일 문제에 대한 인식이 다르기 때문이다. 미국을 비롯한 서방 세계에서는 지역적 방어망을 초월하는 탄도미사일의 확산을 문제시하는 반면, 이란, 인도, 파키스탄 등은 미사일 자체보다는 '대량살상무기(WMD : Weapons of Mass Destruction)' 자체를 중시하여,

---

64) Carmile Grand, Ballistic Missile Threats, Missile Defense, Deterence, and Strategic Stability, "International Perspectives in Missile Proliferation and Defenses," CNS Occasional Paper No.5(2001).

미사일 문제의 해결에 앞서 WMD 문제가 선차적으로 해결되어야 한다는 입장을 보이기 때문이다.

미사일이 지니고 있는 또 다른 특징도 문제가 된다. 미사일은 우주개발에 필요한 로켓이나 항공기술과 밀접한 관련을 갖고 있어서 군사용과 상업용이라는 이중적 사용 가능성을 가지고 있다. 그러므로 미사일 기술이전을 둘러싼 국가 간 이해관계의 충돌이 빈번하게 발생하기 마련이다. 북한은 2012년 12월 12일 동창리에 있는 서해 위성발사장에서 인공위성 광명3호 2호기를 로켓 은하3호를 사용해 쏘아 올렸고 9분 27초 후 궤도진입에 성공했다.[65]

북한이 개발 · 제조하는 로켓은 북한의 탄도미사일 및 핵 개발 계획과 표리일체로 국제사회가 간주하고 있어서, 일찍부터 UN이 안전보장이사회결의 1718과 결의 1874로 북한에 대해 발사하지 않도록 강하게 요구해 왔다. 그러나 이런 상황에서도 북한이 로켓 발사를 강행했기 때문에 발사 후 즉시 한국, 미국, 일본, UN 안전보장 이사회 의장국인 모로코 등이 은하 3호 로켓을 이용한 광명3호 2호기 발사는 결의 1718과 결의 1874에 위반한 행위라고 하면서 북한을 비난했다.

그 후 안보리 제재 · 비난 결의 채택을 목표로 각국 간에 협상이 계속되면서 2013년 1월 23일 대북한 추가 제재를 명기한 결의

---

65) 마이니치신문, 2012. 12. 12. (2016. 12. 25. 검색)
   https://archive.is/20130111193238/mainichi.jp/select/news
   /20121212k0000e030151000c.html

2087이 만장일치로 채택된 바 있다. 이런 북한의 사례로 알 수 있듯이 로켓기술과 우주개발 기술이 밀접한 관계를 갖고 있음을 알 수 있다.

미사일의 확산 원인과 관련하여, MTCR에 의한 미사일통제 노력에도 불구하고 현재 탄도미사일 보유 국가는 줄어들지 않고 있다. 현재 탄도미사일을 보유한 국가는 2013년 현재 약 27개국에 이른다. 탄도미사일의 보유국이 증가하는 이유는 간단하다. 탄도미사일을 보유함으로써 얻는 이익이 그렇지 않을 때보다 더 크기 때문이다. 무엇보다도 탄도미사일은 상대국에 대한 기습공격이 가능하다는 장점 이외에도 적의 대공방어망(air defence system)을 피할 수 있다. 아울러, 무인비행체로서 인명손실에 따른 부담이 없다는 장점이 있기 때문이다.

2. 확산의 상황과 추이

미사일 확산의 유형은 보유국의 수적 증가와 미사일의 성능을 개선하기 위한 두 유형으로 구분된다. 이를 수직적 또는 수평적 확산이라고도 한다.

우선, 미사일을 보유하려는 국가들의 수적 증가 차원에서 볼 때, 미사일 기술은 제2차 세계대전 당시 독일이 미사일을 개발한 이후 미국, 소련, 영국 등이 전략적으로 미사일을 개발하면서 보유국들이 증가하기 시작했다. 냉전이 본격적으로 시작되면서 동서 양쪽 진영의 주축국들은 자신들의 미사일 관련 기술을 동일진영 국가들에게 이전했고, 냉전기 미사일 기술이전 및 제공은 이처럼 동서 양대 진영을 중심으로 동맹국들에게 확산되었다. 1980년대에는 중국이 파키스탄과 이란에 미사일을 공급했으며, 1980년대 후반에는 소련으로부터 제공된 미사일 기술을 북한이 역설계(reverse engineering)하여 이란, 파키스탄 등에 공급했다. 이런 이유로 인해 북한은 새로이 미사일 확산국으로 인식되고 있다.

앞에서도 언급했지만, 미사일의 수평적 확산 이유 가운데 하나는 핵과 마찬가지로 미사일의 다용도성 때문이다. 미사일은 기본적으로 군사적 대응수단 즉 안보 목적으로 개발되지만 또 한편으로는 탄도미사일과 같은 장거리 미사일 개발 및 보유를 통해 얻어지는 국가의 국제적 위상과도 관련이 있다.[66] 북한의 경우만 하더라도 대포동 미사일의 시험발사는 이를 통해 자신들의 국제적 위상을 제고하려는 목적을 보였었다. 또 한편, 미사일 개발 및 기술은 경제적 또는 상업적 동기와 불가분의 관계에 있다. 우선 미사일은 수출품목으로써 외화를 벌어들이는 주된 수단이 될 수도 있을 것이며, 그 기술을 이전함으로써 경제적 이윤추구가 얼마든지 가능하다. 북한의 미사일이 중동으로 수출되는 것도 이런 맥락에서 이해된다.

---

66) Aaron Karp, "Controlling Ballistic Missile Proliferation," *Survival* 33(1991).

상업적 동기와 관련하여, 특히 탄도미사일 개발은 우주개발에 필요한 우주 로켓제작 기술과 밀접한 관련을 갖는다. 이런 기술의 수출 및 이전 자체가 미사일의 수평적 확산의 주된 배경이 되는 것이다.

다음으로, 미사일의 수직적 확산(Vertical Proliferation)은 미사일 보유국간 성능개발 경쟁을 기본으로 한다. 이런 경쟁은 주로 강대국 간 경쟁에서 나타나는데, 이는 냉전시기 미국과 소련을 중심으로 격화되었다. 미사일 성능개발은 주로 사정거리를 증대시키는 것을 비롯해 탄두 중량 증대라는 두 가지 차원에서 이루어진다.

한편, 사정거리와 중량 이외에 정확도 역시 중요한 요소이다. 이런 몇 가지 문제를 기술적으로 해결하기 위한 미사일 보유국들의 경쟁을 수직적 확산이라고 한다. 이렇게 볼 때 미사일의 수직적 확산은 공격능력을 증대시키는 것을 주된 목적으로 하고 있다.

냉전시대에 미국과 소련은 공격능력 증대와 함께 상대방의 미사일 공격에 대한 방어능력까지 증대시키는 차원에서 미사일 경쟁을 했다. 최근에는 공격능력 증대 못지않게 중요한 것의 하나가 바로 요격미사일 개발에 관한 것이다. 즉 날아오는 총탄을 목표물에 도착하기 전에 또 다른 총탄으로 공중 분해한다는 그런 개념의 미사일이다. 이른바 미국이 현재 추진 중인 MD가 바로 그것이다. 미국의 이런 구상에 대해 러시아와 중국은 미사일 탄두를 더 소형화시키는 동시에 다탄두화 하는 작업을 추진 중인 것으로 알려졌다.[67]

---

67) 류광철 외, 앞의 책, pp. 197-218.

이와 같은 미사일의 수직적 확산을 저지하기 위한 대표적인 제한조치가 바로 ABM 조약이다.

ABM 조약이란 '탄도탄 요격 미사일 제한 조약(Anti-Ballistic Missile Treaty)'는 1972년에 체결된 미국과 소련 간의 군비 제한 조약이다. 탄도탄 요격 미사일 배치를 제한한 조약이었다. 조약의 골자는 미·소 모두 ABM 배치 기지를 수도와 다른 미사일 기지 하나라는 두 군데로 제한한다는 내용이었다. 그리고 1974년 7월에는 미·소 간에서 배치 기지를 한 군데로 제한하는 의정서가 체결되었다. 이를 바탕으로 소련은 모스크바 근교, 미국은 노스다코타 주 그랜드 폭스 공군 기지에 요격미사일을 배치했다.(미국의 ABM은 곧 운용 정지가 되었다.)

1990년대에 접어들어 탄도 미사일이 강대국뿐만이 아니라 중소 국가에서도 개발되고 설치되기 시작했다. 미국은 그런 상황에 대항하기 위해 미사일 방어 체제(MD)를 연구하게 되었기 때문에 러시아는 미국을 비판했다. 그러나 미국은 미사일 방어 계획을 추진하기로 했고 ABM조약에서 2002년 6월 13일 탈퇴했다.

3. 확산 방지를 위한 조치

1) 전략무기 감축협상(Strategic Arms Reduction Treaty)

냉전기 미·소 간의 전략무기 감축협상은 미사일의 수평적, 수직적 확산방지를 위한 대표적 노력이라고 할 수 있는데, 이는 미·소 양국이 보유하고 있는 핵탄두 무기나 핵탄두를 장비한 미사일·폭탄 등 전략무기 감축을 목적으로 미국과 소련이 1982년 6월에 시작한 협상이다.

전략무기 감축협상(Strategic Arms Reduction Treaty, START)은 1970년에 체결된 전략무기제한협상(Strategic Arms Limitation Talks/SALT)의 후신으로, 1982년 미국의 레이건 대통령은 소련과 전략무기협상을 재개하면서 회담의 명칭을 START로 변경했다. 또한 레이건은 양국이 보유하고 있는 미사일과 핵탄두 무기를 제한하는 데 그칠 것이 아니라 크게 감축할 것을 제안했다.

START는 1983~85년에 중단되었다가 1986년에 재개되었고, 1991년 7월에 미국의 대통령 조지 부시와 소련의 지도자 미하일 고르바초프가 대표적인 전략무기감축협정에 동의하면서 절정에 이르렀다. 이 협정에 따라 소련과 미국은 핵탄두 무기와 폭탄을 각각 8,000~1만 대(소련의 경우 약 28%), 1만~1만 2,000대(미국의 경우 약 15%)로 감축하게 되었다. 이 협정은 전략 미사일·중폭격기·이동

발사대 등 양국이 보유할 수 있는 병기의 수를 제한함으로써 병기의 감축량을 구체적으로 제시했다. 이 협정은 미국 상원과 소련 의회에 의해 승인되었다.[68]

미·소 양국이 전략무기 감축협상을 추진한 배경을 구체적으로 살펴보면 다음과 같다. 먼저, 미국과 소련은 1969년 11월 SALT를 체결하기 위한 협상을 개시한 이래 1972년 SALT I, 1979년 SALT II를 체결하는 등 핵무기 감축을 위한 노력을 장기간 진행해 왔었다. 그러나 이런 시도와 노력은 1960년대 이전부터 미국에 의하여 수차례 제안되었으나 소련의 소극적 대응으로 결실을 보지 못했다. 당시 상황은 핵 무장력에 있어서 소련이 절대적으로 열세에 있었기 때문이다.

그러나 1960년 말에 들어 당시 양국 지도부는 냉전 시대의 긴장 완화, 핵전쟁 발발의 위험 감소, 군비경쟁에 따른 경제적 부담의 감소 등을 위해서는 양국 간 군축 협상이 필요하다는데 인식을 같이하면서 본격적인 군축 협상인 SALT에 착수했다. 동 협상은 1969년 11월 17일 예비 교섭, 1970년 4월 본 교섭에서 공격용 무기와 방어용 무기 중 어느 것을 우선적으로 제한할 것인가에 대한 논의를 시작으로 1971년 5월 닉슨 대통령과 코시긴 수상의 공동성명을 통해 소련은 공격용 전략 핵무기 제한에 관한 교섭 의사 표명 이후 1971년 11월 ABM 우선 제한에 합의했다.

---

68) http://members.britannica.co.kr/bol/topic.asp?article_id=b19j0446a.html.

이후 1972년 5월 모스크바에서 SALT I을 체결했고, 동년 10월부터 효력이 발생한다는 내용 등으로 전략무기 감축에 관한 협상이 진행되었다. 특히 SALT I은 크게 ABM 협정과 공격용 무기에 대한 잠정 협정(Interim Offensive Arms Agreement)으로 구성되어 있다. 한편, 1972년 11월 제네바에서 개시된 SALT II 협상은 SALT I에 대한 신뢰성에 대한 문제점과 미사일 기술 개발로 인한 경제적 부담을 줄이기 위하여 시작되었으나, 미국 행정부의 이해관계 차이로 인해 지연되어 오다가 협상개시 후 7년여 만인 1979년 6월에야 마무리되었다.

SALT II의 주요 골자는 양국이 보유한 '대륙간 탄도 미사일(ICBM)'과 '해상 발사 미사일(SLBM)'의 숫자를 1981년 1월까지 2,250기로 제한하여 더는 새로운 공격용 전략 핵무기의 개발을 금지한다는 것이다.

SALT II 협상은 미래 협정에 대한 실행 규칙을 세웠고, 공격용 무기의 실제적 감축과 함께 향후 질적인 제한을 위한 토의를 진행시켰으며, 또한 양국이 처음으로 전략 핵무기의 총체적인 양에 있어서도 동등한 감축과 통제를 시도했던 것이다.

미국은 1981년 INF(Intermediate-range Nuclear Forces)를 감축시키기 위한 대소련 협상을 진행함과 동시에 레이건은 1982년 3월 소련에게 대폭적인 핵무기 감축을 제안했다. 이에 소련의 브레즈네프 서기장은 1982년 5월 18일 레이건의 이와 같은 제안을 받아 들여 소련 측 안을 제시했다. 소련 측 안의 핵심은 미국이 제안한 안 자체가 소련의 일방적인 감축을 요구한다면서 협정은 모든 새로운 형태의 전략 무기 생산을 금지하거나 제한하는 내용을 포함해야 한다는 것이었다. 특히 소련은 START 협상이 개시됨과 더불어 핵 동결이 이루어져야 한다고 주장했다.

한편, 소련의 정치무대에 고르바초프가 등장하면서 미·소 간 START Ⅰ 협상은 급속도로 진전되었다. 미·소는 1986년 10월 11일~12일 정상회담과 1987년과 1989년 두 차례에 걸친 양국 외무장관 회담을 통해 START Ⅰ에 관련된 주요 쟁점들에 대해 합의했다. 이런 연장 선상에서 양국 정상들은 1991년 7월 17일 런던에서 개최된 G7 회담에서 최종안에 합의하고, 같은 해 7월 31일 개최된 모스크바 정상회담에서 조인했다.[69]

이와 같은 전략무기 감축은 2002년 5월에 미·러 간에서 조인된 '모스크바 조약'과 그것을 계승하고 2011년 2월 5일 미·러 간에서 발효된 핵무기 군축 조약인 '신전략무기 삭감조약(신 START, New START, New Strategic Arms Reduction Treaty)'이 있다.

그런데 미국 상원이 승인한 신 START 법안에는 미국의 미사일 방어(MD)시스템의 개발과 배치는 이 조약에 의해 규제받지 않는다는 단서 조항이 기재되었다.

한편 러시아 상원과 하원이 승인한 신 START 법안에는 미국의 미사일 방어(MD)시스템의 배치가 러시아의 전략 핵무기를 감소 또

---

69) 고재남, "미러 간 전략무기 감축협상의 현황과 전망," 『정세와 정책』(서울: 외교안보연구원, 1999) 참조.

는 무력화시키고 미·러의 전략 핵무기의 균형을 깨뜨림으로 인해 러시아 안보에 중대한 위협이 된다면 러시아는 이 조약을 탈퇴할 수 있다는 단서 조항이 기재되었다.

2011년 11월 23일 메드베데프 러시아 대통령(당시)은 미국 등이 진행하는 유럽 미사일 방어(MD)계획에 대한 대항 조치로서 칼리닌 그라드 주에 신형 미사일 시스템 '이수 캔들'을 배치하겠다고 경고 했다. 한편 미국 국무부는 미국의 유럽 MD 계획에 반발하고 러시 아 대통령이 취한 조치에도 미국의 계획을 바꿀 생각이 없음을 밝 혔다.

이처럼 미·러 간에서 핵무기의 군축은 국제정세와 지도자들의 생각에 따라 실행되기 어려워질 우려가 있다.

2) MTCR

1970년대 이후 탄도미사일의 확산지역은 주로 중동을 비롯한 남 아시아, 동아시아, 중남미 등이었다. 이런 양상이 광범위성을 보이 게 되면서 이를 방지하기 위한 미국·독일·영국·이탈리아·일 본·캐나다·프랑스 등 서방7개국(G7)에 의한 다자간 미사일 기술 통제 레짐(MTCR : Missile Technology Control Regime)이 1987년 4월 16일 만들어지게 되었다.

MTCR은 핵무기 등 대량살상무기 비확산의 관점에서 대량살상 무기 운반 수단인 미사일과 그 개발에 기여할 수 있는 관련 범용품·기술의 수출을 규제하는 데 목적이 있다. 핵무기 운반 수단이 미사일 및 관련 범용품·기술을 대상으로 1987년 4월 출범된 후 1992년 7월에 핵무기뿐만이 아니라 생화학 무기를 포함한 대량살 상무기를 운반 가능한 미사일 및 관련 범용품·기술도 통제대상이 되었다.

MTCR은 미사일 공급국가들 간의 일종의 카르텔이라고도 할 수 있다. 카르텔이란 산업적인 개념으로는 기업연합을 가리킨다. 기업끼리 서로의 이익을 지키기 위해 협의하고 판매가격, 생산 수량, 판매 지역 분할 등에 대한 협정을 맺는 것을 말한다. 산업적으로는 독점금지법이 카르텔 행위를 원칙적으로 금지한다. 여기서는 미사일 보유국들이 미사일 기술에 대한 확산금지를 위한 연합체를 가리킨다. 공급카르텔을 형성함으로써 미사일을 보유하지 않은 국가들에 대해 미사일 완제품, 부품, 관련 기술 이전을 금지함으로써 미사일의 확산 방지를 도모하고자 했다.

이 협정은 일종의 협력 레짐으로써 조약 또는 국제협약과 같은 법적 구속력은 갖고 있지 않다. 따라서 회원국들의 자발적인 참여와 협의에 바탕을 둔다. 아울러 회원국 상호 간의 기술거래 및 정보교환 자체가 허용되지 않는다.[70]

MTCR이 통제하는 미사일의 대상은 탄두중량 500㎏과 사정거리 300㎞ 이상을 발사할 수 있는 미사일 무인비행체 및 이와 관련

---

70) 박종철, 『북미 미사일 협상과 한국의 대책』(서울: 통일연구원, 2001), p. 15.

된 기술, 특수 설계된 무기체계의 생산설비를 포함, 부품, 발사장비, 지상지원장비, 재료 등을 포함하고 있다.[71]

MTCR은 미사일 수출 통제를 위한 비공식적인 협의체에 불과하다. 언급한 바와 같이 이는 NPT와 달리 국제적인 조약이 아니고, 법적 구속력이 있는 합의체도 아니다. 다만 수출 통제지침과 통제 대상이 되는 항목을 리스트화해 회원국이 자국의 법률에 반영해 실행하도록 하는 정도이다. 통제지침은 대량파괴무기의 확산 여부 및 발사 시스템의 개발 잠재력, 통제 대상 항목을 이전받는 국가의 우주 미사일 발사 계획 목적과 능력, 다국간 합의사항 준수 가능성 등이 주요 내용이며, 군사용 외에 민수용으로 함께 사용될 수 있는 항목도 통제 대상에 포함된다. 따라서 이를 위반할 경우 제재하거나 이행을 강제하는 자체 조항이 없다.

회원국이 되기 위해서는 기존 회원국들의 합의가 있어야 한다. 회원국들은 관련 정보를 공유하고, 미사일 수출 통제와 관련된 토론회를 개최하며, 새로운 내용의 추가에 참여하는데, 모든 모임은 정보 유출을 우려해 비공개로 진행된다.

언급한 바와 같이 MTCR은 이를 위반한 국가에 대한 검증수단 및 이행기구가 결여되어 있어서 협력 레짐이 강력한 실천력을 갖지 못한다는 한계를 갖고 있다. 이것은 미사일수출 및 기술개발과 관련된 미사일 공급국인 선진국들의 복잡한 이해관계에서 비롯되는

---

71) Dinshaw Mistry, "Ballistic Missile Proliferation and the MTCR: A Ten-Year Review," *Contemporary Security Policy*, Vol. 18, No. 3(December, 1997) 참조.

것이라고도 볼 수 있다.

또한 미사일 보유 여부 및 기술력 수준에 따른 불평등의 문제도 잠재되어 있다. 미사일 비보유국의 경우 여기에 가입하면 미사일개발 금지에 관한 합의를 해야 하지만, 선진미사일 개발국가들은 미사일개발을 지속할 수 있는 권한을 갖고 있다. 이런 점에서 MTCR은 선진국들의 미사일 개발에 관한 기득권을 유지하는 수단적 성격이 강하다는 인식이 지배적이며, 미사일 비보유국에 대한 통제시스템이라는 비판이 제기된다.

아울러 미사일 자체의 확산을 막는 데는 한계가 있다. 왜냐하면, MTCR 자체가 주로 미사일의 수출에 의한 확산을 막는데 초점을 두고 있기 때문이다. 미사일 개발 의지를 지닌 국가가 있다면 이 역시 MTCR로는 통제할 수 없다. 현재 미사일기술을 확산시키고 있는 국가들 중에는 이 시스템에 가입하지 않고 있는 경우가 많으며, MTCR에 가입하고 있으면서도 미사일개발을 추진하고 있는 국가들도 있다.[72]

MTCR은 회원국별 규정 해석의 자의성에서 파생되는 상호 갈등이 상존하고 있다. 그 대표적인 예로, 프랑스는 MTCR 규정하의 어떠한 판매 결정도 판매국의 주권적 사항이라는 점에 주목하여 최종 사용 목적이 평화적인 것이라고 판단되면, 판매할 수 있다는 해석이다. 이에 비해 미국은 기술 공급국이 수입국의 미사일 개발 능력

---

72) 전재성, "미사일 기술 통제레짐과 미국의 미사일정책: 국제제도론적 분석과 대북정책에 대한 현실적 함의,"『국제정치논총』제39집 3호(1999) 참조.

과 우주개발계획의 목적 등을 보다 면밀히 적용해야 한다는 의견을 보이고 있다.

MTCR은 기술제공이 가능한 모든 국가들이 가입한 상태가 아니므로 통제 효과의 실효성이 높지 않다고 볼 수 있다. 즉, 최근 비회원국이지만 기술 제공이 가능한 국가가 러시아와 중국뿐만이 아니라 인도, 파키스탄, 북한, 이스라엘, 남아공화국 등으로 확대되었다. 그 때문에 MTCR이 몇몇 국가들의 미사일 개발계획을 지연시키기는 했어도, 미사일 기술이 보편화하는 장래에도 통제 효과가 있을지에 대해서는 회의적이다.

아울러, MTCR은 기술공급국의 통제에 중점을 둔 일방적인 조약이라는 점에 한계가 있다. MTCR이 군사적 목적으로 미사일을 획득하려는 수요국을 통제할 수 없으며, 미사일 기술 확산을 감시할 국제적 감시체제를 갖고 있지도 않기 때문에 한계점이 있다. 한편, 미국을 중심으로 한 MTCR의 주도국들이 타국가, 특히 비선진국에 대한 산업 및 무역을 규제하는 수단으로 MTCR을 악용하는 것도 문제이다. 즉, 이중품목의 수출을 통제함으로써 이 분야의 산업기반을 약화시킨다는 것이다.

그리고 MTCR이 발족한 이후 미사일 확산문제는 크게 개선의 징후가 보이지 않고 있다. 앞서 지적된 갈등이 해결되지 않는 한 MTCR의 실질적 목적달성에 어려움이 예상된다. 우주통신정보산업이 점차 확대되고 있는 오늘날 기술 미 보유국들의 기술개발 여건을 악화시키고, 선진국의 미사일 및 우주산업 기술을 보호하는 장벽으로 악용될 가능성이 우려된다. 규정상 회원국의 규제품목 수출만을 통제하게 되어 있으며, 자국의 방위만을 위한 탄도미사일의 국내 개발은 간섭할 수 없게 되어 있다.

그러나 실제 약소국의 경우 자국 방위를 위해 탄도미사일을 국내에서 개발하는 것과 회원국이 될 경우 규제품목을 비회원국으로부터 수입하는 것까지 간섭하고 있다. 그러기 때문에 기술을 확보하지 못한 후발국들이 회원국이 되면, 타 회원국과 비회원국 양쪽으로부터 규제품목 및 기술 도입이 통제된다. 결국, 필요한 기술을 확보하지 못해서 기술 종속이 될 가능성이 있고, 우주산업에서 주도적 역할을 기대할 수 없게 된다.

한편, MTCR이 국제적인 대량살상무기 비확산체제에서 차지하는 위치는 비확산체제의 수출 통제 분야 중에서 미사일 기술만을 통제하는 전문통제체제이다. MTCR의 특성을 수출통제체제의 종주격인 대 공산권 수출통제체제(COCOM)와 비교해 보면, MTCR은 수출대상국을 제한하지 않지만, 수출조건이 COCOM 보다 더 까다롭다는 것을 알 수 있다. 즉, 수입국의 미사일 개발 능력과 최종 사용 용도를 고려해야 한다는 사항이 추가되어 있다. 또한 MTCR은 통제품목을 절대적으로 금지하는 것이 아니라, 수출 승인 전에 대량파괴무기의 확산 가능성, 수입국의 미사일 및 우주 개발능력 수준, 무인대량파괴무기 운반체계의 개발 가능성, 이전 품목에 대한 수입국의 보장을 판단한 후에 통제하는 것이다. 그리고 MTCR은 대량파괴무기의 운반체계 개발에 이용 가능한 기술과 장치의 이전을 통제하는 것이지 비군사적인 목적까지 제한하는 것은 아니다. 말하자면 대량파괴무기와 관련이 없는 한, 각국의 독자적 혹은 국제적 협력을 통한 우주개발계획을 저지하기 위한 것은 아니라는 점이다.

통제품목을 이전할 때 MTCR 측면에서는 고려해야 하는 요소는 대량파괴무기의 확산에 미칠 영향, 피 이전국이 수행하고 있는 우주개발 및 유도탄 개발계획의 목적과 능력 수준, 잠재적인 대량파괴무기 운반수단(유인항공기 제외) 개발 가능성, 피이전국 각서 내용의 이행 여부를 포함하는 최종 사용 목적에 관한 평가, 기존의 관련 협정들과의 적합성 여부 등이다.

대량살상무기 확산을 방지하여 국제사회의 안정을 기하자는 의도로 출발한 MTCR은 지금보다 앞으로 국제사회에 더 많이 기여할 것으로 보인다. 그러나 앞서 살펴본 바와 같이 MTCR은 이중사용 품목의 불공정한 통제와 기술을 가진 국가 사이의 갈등 그리고 선진국과 후진국의 갈등으로 많은 문제점도 안고 있는 것이 사실이다. MTCR이 기여한 바는, 우선 MTCR이 서구 선진국들의 미사일 확산에 대한 관심을 국제적 차원으로 높여 준 것이라 할 수 있다. 또 수출통제의 기본 틀을 제공했다는 점과 대량살상무기 개발의 비용과 시간을 심하게 증가시켰다는 점은 높이 평가할 만하다.

4. MD 구상과 미국의 국제관계

1) MD의 추진배경

제2차 세계대전 이후 반세기 동안 미국이 추진하던 대부분 군사전략은 구소련의 핵무기체계에 대항하기 위한 것이었다고 해도 과언이 아니다. 그만큼 냉전기 미국의 군사안보 전략 핵심은 대소련 핵정책 및 미사일 등에 대한 방어에 있었다. 그러나 냉전 종식으로 이런 전략적 대상이 사라지게 되면서 기존의 전략도 변화되지 않으면 안 되게 되었다. 특히 냉전기 소련이라는 단일한 위협요인 대신 다양한 안보위협 요인이 부상하면서 다차원적 안보전략 수정이 불가피해진 것이다.

냉전 시대에는 미·소가 상대방의 공격에 대해 2차 핵보복능력을 보유함으로써 공격이 억제되는 공포의 균형이 유지되었지만, 군비경쟁의 방지와 최악의 경우를 완전히 배제하지 못하는 딜레마를 안고 있었다. 따라서 군사능력의 균형을 통해 억지를 확보하는 전략대신 완벽한 방어를 통해 안보를 확보하겠다는 바람은 오래전부터였다. 이런 여망은 1980년대 초 레이건행정부에서 SDI로 구체화하였다. 그러나 이는 기술적 결함을 비롯해 막대한 비용 등으로 중단되고 말았다.[73] 이후 1991년 부시 대통령은 다시 '제한공격에 대

---

73) Jae Kyu Park, et. al., *The Strategic Defense Initiative: Its Implications*

항하는 지구규모 방어체계(GPALS: Global Protection Against Limited Strikes)'를 시도했으며, MD는 이의 연장선에 있다.[74]

한편, 탈냉전의 도래는 개별 국가들에게 있어서 기존의 안보전략을 수정하지 않으면 안 되는 여러 가지 상황을 가져왔다. 미국 역시 새로이 세계전략을 구상하는 과정에서 MD 구상이 자연스럽게 부상하게 된 것이라고 할 수 있다. 미사일방어망을 구축함으로써 더욱 완벽한 세계 패권을 지키고자 한 것이다. 이처럼 확고부동한 패권적 위치를 고수하기 위한 전략적 계산도 MD 구상에 많은 영향을 미쳤지만, 탈냉전 시대 비대칭적 위협(Asymmetric threat)에 대한 방어의 필요성이 결정적인 영향을 미쳤다. 여기서 비대칭적 위협이란 위협의 대상이 전통적인 국가에 한정되지 않는다는 것을 의미한다. 국가 대 국가는 대칭 관계에 있지만, 국가 대 비국가는 비대칭 관계에 있기 때문에 비대칭적 위협이라는 명칭을 사용하게 되었다. 특히 위협적인 비국가의 대표라 할 수 있는 단체는 테러단체들이다. 테러단체와 같은 국제 조직에는 그 대응이 쉽지 않다. 위협수단도 대량살상무기를 비롯하여 재래식 무기에 이르기까지 모두 테러에 필요한 무기 공급 수단이 된다. 그 대표적인 예가 9·11 테러사건이었고 국가를 만들려고 하는 IS의 세계각지에서 일어난

---

for Asia and the Pacific(Seoul: The Institute for Far Eastern Studies, Kyungnam University, 1987) 참고.
74) 노병렬, "미국 핵정책의 변화와 한국의 안보전략: MD 논의를 중심으로," 『국제정치논총』 제42집 1호(2002), p. 82.

테러공격이다.

특히 미국의 안보전략 수정을 불가피하게 만든 결정적인 계기는 바로 비대칭적 안보위협의 표본이라고 할 수 있는 9·11 테러사건 이다. 미국에 대한 9·11 테러는 결과적으로 미국을 위협하는 요소 가 단일한 국가나 단일한 요인이 아닌 다양한 유형과 여러 요인들 로 인해 발생할 수 있다는 것을 국제사회에 각인시키는 계기가 되 었다. 즉 미국은 불특정 다수 요인이나 세력들이 안보를 위협하는 주요 요소가 된다는 것을 인식한 것이다. 미국의 MD 구상은 바로 이와 같은 새로운 안보위협 요인의 부상과 이에 대한 대처수단에서 출발했다.

2) MD와 관련된 몇 가지의 주요 문제들

우선 MD의 개념과 관련하여 클린턴 행정부 시절 미국의 미사 일 방어체제는 NMD/TMD로 구분되었다. 이에 따르면 NMD는 미 국 본토 방어용 미사일 요격시스템을 말한다. TMD는 해외 주둔 미 군과 미국의 동맹국들을 적국의 미사일 공격으로부터 방어하기 위 한 시스템이다. 요격대상이 되는 미사일은 NMD의 경우는 주로 ICBM, TMD의 경우는 중거리 미사일이었다. 그러나 부시행정부에 와서 이 둘을 하나로 묶어서 육-해-공을 연결하는 전 지구적 미사 일방어시스템을 추진하겠다는 전략에 따라 NMD/TMD는 MD로 통합되었다.

다음으로 MD는 단순한 방어용 무기의 차원을 넘는 또 다른 공격의 개념을 가지고 있다. MD는 상대방의 미사일 공격을 사전에 무력화시킬 수 있는 방어시스템으로 알려졌다. 상대방의 공격을 사전에 차단할 수 있는 방패를 보유한 국가가 상대방을 공격할 수 있는 강력한 무기를 갖고 있다면, 강력한 공격무기를 가진 미국은 그만큼 상대에 대한 자유로운 공격 가능성을 가진 것으로 볼 수 있다. 따라서 MD는 바꾸어 말하면 또 다른 공격형 무기가 되는 셈이다.

한편, 부시 행정부가 추구한 MD는 국제사회의 비판뿐만이 아니라 미국 내에서도 비판을 받았다. 그런데도 부시 행정부가 MD 구축을 강행한 이유는 공식적인 이유와 실질적인 이유에 본질적 차이가 있다. 즉 공식적으로는 북한과 같은 적대국들에 대한 미사일 위협뿐만 아니라 중국이나 러시아와 같은 탄도미사일 보유국들의 미사일 공격에 대비한다는 것이다. 그러나 그 본질은 자국만이 선제핵공격을 갖겠다는 것으로 볼 수 있다. 보다 구체적으로 MD는 신자유주의를 추구하는 미국의 세계전략과 밀접한 관련을 갖고 있다. 미국중심의 세계 경제질서를 군사적 측면에서 보장하고, 동시에 냉전 해체로 인해 위기에 빠진 미국 군산복합체들에게 막대한 이윤을 보장하기 위한 것이다. 클린턴보다 부시가 MD 추진에 더 집착하고 있는 것은 부시가 속해 있는 공화당이 록히드 마틴, 보잉 등으로 대표되는 군산복합체와 긴밀한 유대관계를 맺고 있기 때문이다. 또한 우주를 군사적으로 선점함으로써 지구에 대한 지배권을 강화하고, 정치, 경제, 군사적 측면에서 부상하고 있는 중국을 사전에 봉쇄하

려는 의도인 것이다.[75]

　MD로 인한 국제사회의 새로운 군비경쟁 가능성과 관련하여, 일반적으로 미국이 구상하는 MD에 반대하는 국가들의 한결같은 목소리는 미국의 이런 시도 자체가 국제사회의 군비경쟁을 야기한다고 경고하고 있다. 이런 주장이 전혀 근거가 없는 것은 아니다. 이런 국제사회의 우려와 관련하여 MD는 크게 두 가지 측면에서 군비경쟁을 촉발할 가능성이 있다. 우선 MD를 무력화시킬 수 있는 더욱 강력한 공격용 무기의 개발이고, 다른 하나는 상대방의 미사일 공격을 방어하기 위한 방어용 무기의 개발이다. 따라서 미국이 추구하는 MD는 무엇보다도 북한을 비롯한 중국 등에게 불안감을 안겨줄 것이 분명하고, 이에 이들은 자신들의 핵전력을 강화하고, 이를 운반할 수 있는 미사일 개발에 박차를 가할 수밖에 없을 것이라는 점에서 군비경쟁의 초기 양태를 예고하고 있다. 다음으로, 미국의 MD는 군비경쟁의 기본 속성상 미국과 경쟁 관계에 있거나 미국을 적대시하는 국가들이 미국의 미사일 공격에 대비한 미사일 방어망을 구축하도록 부추기는 요인이 된다.[76] 이와 같은 점에서 미국의 MD는 새로운 형태의 군비경쟁 가능성을 내포하고 있다.

---

75) 정욱식, 『미사일방어체제』(서울: 살림, 2003), pp. 10~11.
76) 정욱식, 앞의 책, p. 13.

3) MD의 추진경과와 그 내용

MD가 본격적으로 논의되기 시작한 것은 클린턴 행정부에 들어오면서부터이다. 클린턴 행정부 시절 국방장관이었던 아스핀(Les Aspin)은 이전의 SDI 구상을 전면 백지화하고 지상요격미사일체계 개발에 우선하겠다는 입장을 표명했다.

SDI란 '전략 방위구상(Strategic Defense Initiative, SDI)'을 말하며 미국의 레이건 대통령이 1983년 3월에 개발을 명령한 군사 계획을 가리킨다. 영화 '스타워즈'를 연상시킨다고 하여 통칭으로 '스타워즈' 계획이라고 불리기도 했다.

SDI의 목표는 위성 궤도에 미사일 위성이나 레이저 위성, 그리고 조기 경계 위성 등을 배치하고 이들과 지상의 요격 시스템을 연계시켜 적국의 대륙 간 탄도미사일을 각 비상 단계에서 요격, 격추함으로 미국 본토의 피해를 최소화한다는 데 있었다.

그러나 SDI는 막대한 비용이 든다는 점과 냉전이 종식했기 때문에 자연적으로 추진이 중단되었고 다른 계획으로 바뀌어 갔다.

이렇게 하여 종전의 미사일 방어 계획들은 '탄도 마사일 방위 구상(Ballistic Missile Defence Initiative, BMDI)'로 전환되었고, SDI를 추진한 전략방위구상국(Strategic Defense Initiative Organization, SDIO)은 '탄도 미사일 방위국(Ballistic Missile Defense Organization, BMDO)'로 바뀌게 되었다. BMDO가 설립되면서 MD 논의는 보다 구체적으로 진행되기 시작했다. 즉, BMDO는 미국의 미사일방어

망을 크게 두 가지로 세분화했다. TMD(Theater Missile Defense)와 NMD(National Missile Defense)로 나눈 것이다.

우선, TMD란 '전역(戰域) 미사일 방위'라는 뜻이다. 미군은 '아시아 · 태평양 지역', '중동', '유럽'을 각각 '전역(Theater)'이라고 부르고 있으며 그 지역 내 미군 부대나 동맹국을 목표로 발사된 중거리 탄도 미사일을 요격 미사일 등으로 파괴하려는 방어시스템을 '전역 미사일 방어', 바로 TMD(Theater Missile Defense)라고 한다. 이것은 미국의 관점에서 붙인 이름이다. 해외 미군과 동맹국을 방어하기 위한 것으로 대상은 사정거리가 짧은 중 · 단거리 탄도미사일이다.

TMD는 전투관리를 기반으로 공격작전, 적극방어, 소극방어 (Passive Defense)를 통해 적대국의 탄도미사일, 순항미사일과 공대지 유도미사일 공격에 효과적으로 대응하고 전방에 배치된 미군과 동맹국가를 방어한다는 미사일방어체계이다.[77] 미국의 TMD 계획은 방어능력의 공백을 매우기 위해 단기, 중기, 장기 등 3단계로 구분하여 단계적으로 구축하게 되었다. 최종적으로는 이륙, 상승단계, 중간비행단계 및 종말단계에 대하여 단계별로 요격을 실시하는 중첩적 요격체제를 완성한다는 개념이다.

미국은 이와 같은 계획에서 우방국들과 공동사업을 추진하고자 하는데 그 주된 목적은 군사적 측면에서 전진배치 전력의 감축에 따른 방어력 손실을 만회함으로써 우방국에 대한 안보공약을 재확

---

77) 전성훈, 『미일의 TMD 구상과 한국의 전략적 선택』(서울: 통일연구원, 2000) 참조.

인하고 미국의 영향력을 그대로 유지하면서 지역안정을 도모하는 데 있다. 또한 미사일방어망을 형성함으로써 현장에서 미사일 위협을 인식하고 바로 대응할 수 있는 즉각 대응체제를 갖추자는 것이다.

경제적 비용의 문제도 중요한 동기가 되고 있다. 국제협력을 통해 우방국 간의 중복투자를 피하고 막대한 개발비용을 분담하면 적은 비용으로 조기의 성과를 거둘 수 있다는 계산이었다. 즉 방어전력을 개발–배치하는 데 따른 경제적 부담을 완화할 수 있다. 마지막으로 우방국 전력과 미군 전력의 호환성을 유지함으로써 유사시 연합작전을 효율적으로 수행할 수 있다는 것이다.

한편, NMD는 적대국의 미사일 공격으로부터 미국본토를 방어하는 것을 목적으로 하고 있다. NMD란 '국가 미사일 방어(National Missile Defense)'를 가리키는 말이다. 이는 미국 본토 방어를 목적으로 하는 탄도 미사일 방어 시스템이고 대상은 ICBM과 같은, 하와이나 알래스카를 포함한 미국 본토를 노리고 날아오는 장거리 탄도 미사일이다. NMD는 지상배치 레이더와 미사일, 그리고 우주배치의 센서 등으로 구성되어 있으므로 NMD와 TMD는 여러 가지 점에서 완전히 다른 시스템이다.

냉전 종식 후, 소련의 위협을 대신하여 '전역 탄도 미사일'의 확산이 큰 문제가 되었다. 그리고 걸프 전쟁을 계기로 탄도 미사일 위협이 널리 알려지면서 미국의 조지 H · W 부시 정권 아래 GPALS(Global Protection Against Limited Strikes=한정적 공격에 대한 지구방위구상)이 제창되었다. SDI가 초강대국 간의 대규모 공격을 상정했지만, GPALS는 걸프전에서의 이라크와 같은 나라의 탄도미사일 공격에 대한 대처를 목적으로 했고, 고르바초프 집권하의 소련과의 공동 개발도 한때 시도되었다.

요격 방식은 우주배치와 지상배치 요격 및 추적 시스템을 쓰는 것으로 알려졌다. 사드(THAAD)와 패트리어트 미사일 PAC-3이 계획된 것은 이때였다.

한편 TMD와 NMD를 통합한 개념이 MD인데 MD에 대한 논의는 1990년대 초 해외주둔 미군과 동맹국들이 직면하고 있던 탄도미사일 위협에 대처할 TMD 개발의 필요성에서 시작되었다. 미국은 1991년 걸프전 당시 이라크의 스커드미사일 공격을 효율적으로 방어하지 못함에 따라 TMD 시스템 개발을 추진했다.

클린턴행정부는 1993년 GPALS를 중단하고 지역별 TMD만 추진하기로 했다. 1993년 9월 '전역미사일방어'에 우선순위를 부여한 전면검토계획을 발표함으로써 이전 레이건에서 부시로까지 이어져 오던 소위 'Star Wars' 구상을 공식적으로 포기했다. 대신에 이지스함 등에서 사용할 수 있는 TMD의 골격을 구상하기 시작했다.

한편, 1998년 7월 미 의회에 제출된 럼즈펠드(Rumsfeld) 보고서는 북한 및 이란 등 반미 적대국들 일부가 가까운 시일 내에 미국 본토에 이를 수 있는 미사일을 개발할 가능성이 있다고 보고했다. 이 보고서를 제출한 도널드 헨리 럼즈펠드(Donald Henry Rumsfeld)는 미국의 제38대 대통령 제럴드 포드 정권에서 제13대 국방장관

(1975~1977)을 지냈고 제43대 대통령 조지 W 부시 정권에서도 제 21대 국방장관(2001~2006년)을 지냈다. 럼즈펠드는 이라크 전쟁 때 시종일관 강경한 공격론을 주장했고 그는 미국의 군산복합체를 대변하는 인물이라고도 평가된다.

그가 제출한 럼즈펠드 보고서는 특히 2007~8년경에는 실전배치가 가능하다며 북한의 미사일 능력을 상당히 높게 평가했다.[78] 이로 인해 이라크, 이란, 북한 등의 미사일 개발능력이 미국 내에서 논란이 되었다. 특히 북한의 능력이 과대평가 되었다는 CIA의 보고서와 북한의 미사일 능력이 과소평가 되었다는 럼즈펠드 보고서 사이에 논란이 계속되는 과정에서 1998년 8월 북한의 '대포동 1호'가 시험 발사되었다. 이로써 두 보고서간의 논쟁은 종지부를 찍게 되었고 미국 내에서는 럼즈펠드 보고서를 강하게 신뢰하기에 이르렀다.

이와 같은 럼스펠드 보고서를 기초로 하여 미 의회는 1999년 3월 미사일방어계획 추진에 관한 법안을 통과시켰다. 클린턴행정부는 미국 본토의 방어를 목적으로 하는 NMD와 해외주둔 및 동맹국의 방어를 목적으로 하는 TMD를 구분하여 미사일방어계획을 추진했다. 그러나 방어시스템의 기술적 문제, 국제적 반대여론 등으로 인해 미국의 미사일 방어계획에 대한 최종결정은 클린턴 시기에 마무리되지 못하고 후임 부시 행정부로 넘어가게 되었다.

---

78) Donald Rumsfeld, Executive Summary of the Report of the Commission to Assess the Ballistic Missile Threat to the United Stste," July 15, 1998.

2001년 3월 부시 행정부가 출범하면서 미국의 미사일방어계획은 새로운 국면을 맞이했다. 우선 부시 행정부는 미사일방어계획을 적극 추진하기로 하고 럼스펠드를 국방장관에 임명했다. 그러면서 제한적 국가 미사일방어망 개념을 포기하고 대신 포괄적인 미사일 방어망을 추진하며, 방어대상을 미국에 한정하지 않겠다는 견해를 표명했다. 이에 따라 럼스펠드는 NMD와 TMD를 구분하지 않고 MD로 통합했다.

TMD와 MD의 차이를 보면, 우선 이 둘은 목적 여부에서 차이가 있다. MD는 상대국의 장거리 미사일 등의 공격으로부터 미국본토를 방어하려는 목적이다. TMD는 상대방의 중단거리 미사일 공격으로부터 해외주둔 미군 및 동맹국을 보호하기 위한 것이 목적이다.

이것은 미국본토와 해외주둔 미군 및 동맹국에 대한 미사일방어를 통합적으로 실시하겠다는 것이었다. 한편, 그동안 진행됐던 미국의 마사일 요격실험이 2001년 7월 4차 시험에 성공함으로써 MD구상이 가속화될 수 있는 토대를 마련했다.

부시 행정부의 MD추진에 강력한 동력을 제공한 것은 바로 9·11 테러사건이었다. 한편 이 사건으로 인해 미국의 MD 추진 명분이 약해졌다는 지적도 있다. 9·11테러로 인해 비대칭적 수단의 위협을 증가시켰기 때문에 미사일방어계획보다는 테러방지에 더 많은 노력과 재원이 필요하다는 의견이 정해진 것이었다.

그러나 부시행정부는 이와 같은 비대칭적 위협 때문이라도 MD

가 절실히 필요하다는 태도를 고수했다. 만약, 테러집단들에게 미사일이나 핵무기 같은 대량살상무기가 유입될 경우 이를 방지할 최적의 방법은 MD 체제를 구축하는 것뿐이라고 인식했다. 이와 같은 미국의 입장을 확인시켜 주듯이 부시 대통령은 대 테러전 이후 MD 계획을 보다 강하게 추진할 것임을 분명히 했다.

4) MD 추진에 대한 각국의 입장

미국이 구축하는 MD에 대한 각국의 반응은 다양하다. 기본적으로 MD 구축이 자국의 전략적 이해관계와 어떤 관계에 있느냐에 따라 서로 다른 반응이 나타나는 것으로 볼 수 있다.

(1) 유럽의 경우

현재 유럽에서 영국을 비롯한 소수국가가 미국의 MD에 대한 지지 태도를 보이나 적극적인 것은 아니라고 본다. 부정적이거나 소극적인 입장의 원인은 무엇보다도 안보에 대한 미국과 유럽의 인식상 차이에서 비롯된다. 미국은 MD의 추진 이유를 불량국가들의 미사일 위협을 들고 있으나 유럽은 미국보다 이들 국가들로부터의 위협을 덜 느끼고 있다. 또한 현재 유럽이 미국의 핵우산 아래 있는 상황에서 MD 계획을 실현함으로 인해서 오히려 미국의 대 유럽 핵억지력이 약화할 수 있고, 유럽국가들이 핵 위협에 노출되어 제한적인 핵전쟁에 직면할 수도 있다는 의견이 있다.

이를 보다 구체적으로 살펴보면, 유럽의 입장은 이렇다. 냉전 종식 이후 유럽의 안보유지를 구도로 유럽국가들은 미국 중심의 NATO를 축으로 하는 것이 아니라 예방외교의 확대 차원에서 CSCE(유럽안보협력회의)의 유지와 유럽인 중심의 유럽연합 역할 증진을 추구해왔다. 유럽안보협력회의(Conference on Security and Cooperation in Europe)란 유럽에서의 긴장 완화를 위해 알바니아를 제외한 모든 유럽 국가들에 미국 · 캐나다를 추가한 35개국 정상이 참가하여 개최된 회의를 말한다. 1975년 제1차 회의에서는 동서 유럽 국가들의 협력을 제창한 '헬싱키 선언'이 채택되었다. 1990년에 개최된 제2차 회의에서는 유럽 전체의 민주화 촉진을 제창한 '파리 헌장'이 채택되었다. 그 후 1995년 1월에 '유럽안보협력기구(Organization for Security and Cooperation in Europe, OSCE)'로 발전되었다.

OSCE는 냉전 후 유럽에서 새로운 안보 질서의 핵심적 존재로서 상설 기구화가 된 국제기구다. 현재 소련이나 유고슬라비아 해체 후에 성립된 국가들을 포함해 55개국이 참가하고 있고 전 유럽을 포섭하는 유일한 국제기구다. 이런 노력의 결과 유럽은 OSCE를 통해 상호신뢰구축을 점차로 확대하여 냉전 종식 후 유럽에서는 각종의 영토, 민족, 인종 분쟁이 확대되는 것을 방지할 수 있었다.

EU 회원국들로서는 1991년 11월에 체결된 마스트리히트 조약을 통해 공동외교-안보정책(Common Foreign and Security Policy)을 위한 기본골격을 갖추고 대외정책과 안보정책을 수립해 왔고, 1999년 12월 헬싱키에서 2003년까지 6만명 규모의 신속대응군을 창설할 것에 합의했다.

한편, NATO의 유럽회원국들은 나토 내에서의 유럽안보방위 정체성 확보를 위해 1994년 브뤼셀에서 이 문제를 거론했고 '서유럽동맹(WEU)'이 유사시 NATO 하에서 작전수행을 주도하여 나토 안에서 유럽연합회원국의 독자적인 방위력을 향상시키기로 미국과 합의한 바 있었다.[79] '서유럽동맹(Western European Union, WEU)'이란 냉전기의 서유럽 국가들 간의 방위에 관한 합의사항을 명시한 1948년의 브뤼셀 조약의 실행을 위한 서유럽의 국제조직이었다. 그러나 냉전 종식 후 유럽연합이 더욱 광범위한 역할을 하게 되었기 때문에 서유럽동맹의 활동은 2011년 6월 30일에 정식으로 종결되었다.

냉전 종식 후 다자주의에 기초한 유럽국가들의 행보는 유럽안보를 궁극적으로 유럽인들이 책임지고 미국은 협력자로 남을 것을 기본으로 하고 있는데, 미국 주도 하의 MD 추구가 유럽 국가들과의 마찰을 초래한 것은 당연한 일이었다. 이를 반영이라도 하듯 부시 대통령은 미국 대표단을 유럽에 파견했으나 결과적으로 큰 성과를 거두지 못했다. 2001년 미국의 MD 계획에 대한 승인이 5월 29일 NATO 외무장관 회의에서 거부되었다. 같은 해 6월 13일에 있었

---

79) 이승근, "MD와 유럽의 반응," 『정세와 정책』(성남: 세종연구소, 2001) 참조.

던 독일-프랑스 간 정상회담에서도 미국의 MD 계획이 거부된 바 있다. 이들은 거부 이유로서 MD의 기술적 타당성 문제, 방어망의 범위 및 군축과정에 대한 악영향 등을 들었다.

이에 대해 조지 W 부시 제43대 미국 대통령은 이란과 북한의 위협에 맞서기 위해 동유럽에 미사일 방어체제를 추진할 필요성을 강조했다. 그리고 폴란드, 체코와 협정을 맺고 미사일 방어 설비를 배치하려고 했다. 구체적으로는 체코에 대륙 간 탄도미사일 조기 경계 레이더를 설치하고 폴란드에 요격미사일 기지를 건설하려고 했다.

이에 러시아는 크게 반발했다. 러시아는 미국의 동유럽 미사일 방어계획을 '자국을 대상으로 한 것'이라고 비난하면서 '만약 폴란드(혹은 리투아니아)에 미사일 방어 시설이 배치되면 러시아의 미사일도 유럽을 향하게 할 수밖에 없다', '위협은 위협으로 응징한다'라고 하면서 미국에 강력히 반발했다.

그런데 2009년 1월 20일 '적과의 대화', '국제 협력'을 내걸고 버락 오바마가 미국 대통령에 취임하면서 러시아 측은 동유럽에 대한 미사일 방어계획 철회를 기대했다. 2009년 9월 17일 오바마 대통령은 이란의 단·중거리 미사일의 위협이 높다고 하면서 동유럽의 미사일 방어계획 재검토를 결정했고 러시아는 이를 환영했다.

오바마의 동유럽에 대한 미사일 방어계획 재검토에 의해서 폴란드에 요격 미사일, 체코에 레이더 시설을 배치할 계획은 중단되었다. 그런데 미국에서는 공화당의 도널드 트럼프가 2017년 1월 미국 대통령에 취임했다. 향후 미국의 유럽에서의 미사일 방어 계획의 행방이 주목된다.

(2) 러시아의 경우

MD에 대해 가장 민감하게 반응하고 있는 나라는 러시아라고 할 수 있다. 실제 미국이 MD를 추진하면서 중요한 협상대상은 러시아였다. 왜냐하면, 미국은 MD에 착수하면서 1972년 러시아와 체결한 ABM 협정[80]을 2002년 6월 13일 일방적으로 파기했기 때문이다.

ABM 협정은 지난 1972년 미국과 소련간 상호 적대감, 그리고 전략공격무기 총합 능력의 대등성을 기본환경으로 하여 성립된 군비통제 레짐이다. 양국은 이 시점에 이르러 전략공격무기의 수준이 상호확실파괴(MAD) 수준에 이르렀지만 진정한 MAD는 전략공격뿐 아니라 전략방어 측면에서의 균형도 필요로 한다는 점에 착안하여 자발적으로 상호 요격미사일체계를 제한키로 합의한 것이다. 이에 닉슨 대통령과 브레즈네프 서기장은 SALT I 그리고 ABM 조약을 양국 간 전략안정의 양대 축으로 인정하면서 같은 날 동시 서명했다.

미국은 파기에 앞서 2001년 12월 13일 러시아에게 조약 탈퇴 의

---

80) 정은숙, "ABM 조약의 조용한 붕괴,"『정세와 정책』(성남: 세종연구소, 2002), p 5.

사를 밝혔다. 어쨌든 간에 상호미사일 방어망을 구축하여 군비경쟁을 사전에 방지하자던 약속을 미국이 먼저 파기하게 된 것이다. 이에 따라 러시아는 미국이 MD를 강행할 경우 핵무기감축을 중단하고 다탄두 미사일을 개발할 것이라며 맞섰다.

그렇지만 러시아의 이와 같은 대응은 실제 미국의 MD를 저지하고자 하는 것이라기보다는 미국과의 협상을 통해 미국의 핵무기를 감축하고 ABM조약을 개정해서 유리한 입장을 차지하려는데 있다고 보아야 한다. 무엇보다도, 러시아 경제의 지속적인 발전을 위해 미국의 역할이 절대적이라는 점을 감안하면, 이런 문제로 인한 미국과의 관계 악화는 러시아에게 별로 득이 되지 않을 것이 분명했기 때문이다.

블라디미르 푸틴(Vladimir Putin)이 러시아의 제3대 대통령(2000~2004)에 취임했을 당시 러시아는 무엇보다도 경제적 측면에서 상당한 어려움에 봉착해 있었다. 이에 따라 푸틴은 국내 경제의 어려움 극복과 국제적 영향력 회복이라는 소위 '강한 러시아'를 신조로 파상적인 대외정책을 추진했다. 즉 푸틴은 유럽의 중요성을 강조하고, 동북아에서의 지위 회복, 다극적 국제질서 지향 등을 목표로 하는 대외정책 추진방침을 내세웠다. 특히 대미 관계에 대해 중요성을 강조했는데, 무엇보다도 체제전환 과정에서 미국의 경제적 지원과 국제적 환경을 안정시키는 데 있어서 러시아는 미국의

협력과 지원이 절대적으로 필요했다.[81]

러시아가 미국의 MD추진에 대해 표명하는 입장은 바로 여기에 핵심이 있다고 볼 수 있다. 그러나 미국의 MD를 적극적으로 지지하는 입장은 아니다. MD가 러시아를 겨냥하고 있다는 인식을 가지고 있기 때문이다. 푸틴은 미국의 MD에 대응하여 2000년 6월 범유럽 비전략 미사일방어체제(a pan-Europen non-strategic missile defece system)를 제안하기도 했으며,[82] 러시아는 미국에 대하여 상호 보유한 핵탄두의 수를 그간 2단계 전략무기감축협정에서 확인되었던 2,500개 수준에서 1,500개 수준으로 감축할 것을 공식적으로 제안했다.

러시아가 MD를 뚫기 위해 추진 중인 다탄두 미사일 개발은 전략무기감축협정II(START II)를 위반한 것이지만, MD를 강행하면 START II도 자동 파기된다는 것이 러시아의 입장이다.[83]

한편, 부시 행정부가 ABM 조약 폐기를 선언 한 이후 러시아의 군사전문가들 사이에는 양국의 과학분야 공동연구 차원에서 미국의 MD를 인정하고 협력할 것을 계속 제기했다. ABM 조약의 기본철학은 미국이나 소련을 불문하고 전 국가적 차원의 미사일 방어를 배치할 수 없다는 데 있다. 지리적으로나 기술적으로도 장래 전

---

81) 강봉구, 『현대러시아 대외정책의 이해-대외정책 노선 형성과정 1992~1998』(서울: 한양대학교출판부, 1999), p. 54.

82) 『조선일보』, 2000. 6. 27.

83) Ivo H. Daalder & James M. Lindsay, "Unilateral Withdrawal From the ABM Treaty is a Bad Idea," *The International Herald Tribun*, April 30, 2001.

국적 차원의 미사일 방어가 될 소지를 제거하는 데 초점을 두었다. 1972년 조약체결 당시는 미국과 소련 각각 한 곳에만 요격미사일을 배치하도록 했다.

한때 9·11 테러사태로 러시아의 입장은 상당히 미국에게 우호적인 입장으로 바뀌었다. 미국의 아프간공격에 대한 러시아의 지원 입장 표명, 미국의 우즈베키스탄과 타지키스탄의 영토를 이용하도록 협조하는 대신 자신들의 부채경감, 러시아의 NATO 가입, 체첸진압 사태 등을 미국이 묵인-방조해줄 것을 기대하고 있었기 때문이다.

이처럼 러시아의 MD에 대한 입장은 애초 적극 반대도 하지 않으면서 적극 찬성 입장도 아니었다. 다소 모호하면서도 이중적이었다. 이는 푸틴정부의 실용주의적 대외자세를 보여주는 것이었다. 러시아가 당시 이런 태도를 보인 것은 여러 측면에서 생각해 볼 수 있었다. 앞서 언급한 바와 같이 미국의 입장에 드러내 놓고 반대하지 않았던 것은 순전히 경제적 동기가 바탕을 이루고 있었다.

한편, 미국의 MD에 적극적으로 찬성하지 않았다는 러시아의 당시 입장은 다음과 같았다. 러시아로서는 MD의 결과가 어떻게 되든 불리한 것은 없다고 생각했다. 만약 미국의 MD가 포기된다면 러시아의 입장이 정당하다는 것을 입증하는 것이 되고, 만약 MD가 계속된다면 중국과의 결속력 강화 명분을 얻게 되는 것은 물론 자신들도 미국의 눈치 보지 않고 미사일 개발, 수출 등 여러 가지 선택의 여지가 있다고 생각했기 때문이다.

2009년 1월 미국에서 버락 오바마가 제44대 대통령이 되었고 오바마 정권은 러시아에 관계 개선을 제안했다. 그리고 단기적으로는 관계개선이 기능했고 미·러 간 여러 문제가 일시적으로는 상당히 풀렸고 그중에는 부시 대통령 시절의 MD 시스템 배치 계획을 철회한다는 것도 포함되어 있었다.

하지만 관계 개선은 오래가지 못했고 결국 2011년에 이동식의 낮은 레벨의 MD 시스템(요격 미사일)을 폴란드, 루마니아에, 그리고 미사일 발사를 포착하는 조기경계 레이더를 터키에 설치하는 것이 미국에서 결정되었다. 터키의 레이더는 2012년 1월부터 가동을 시작했다.

그리고 2016년 5월 12일, 루마니아 남부의 데베젤(수도 부쿠레슈티의 남서 180km)에 설치된 유럽 MD시스템의 지상 배치형 요격 미사일(SM2대공 미사일)발사 기지 운용이 시작되었다. 건설에는 8억 달러가 사용되었고 운용은 미국으로부터 NATO로 이관되었다. 이 운용 개시에서도 미국은 당시 이미 화해한 이란을 대상으로 한다며 러시아를 겨냥하는 것이 아니라고 강조했다. 하지만 2014년 12월에 루마니아 대통령으로 취임한 크라우스 요하네스(Klaus Iohannis) 대통령도 NATO 전력을 동유럽에 확보하는 중요성을 강조했고 자신뿐만 아니라 우크라이나 쪽이나 흑해에도 NATO 해군 부대를 상주시키도록 호소하는 등 그 의도는 분명히 러시아를 의식하고 있다.

이어서 2016년 5월 13일 미국은 폴란드에서 루마니아에 이어 두 번째로 지상 배치형 요격 미사일 기지 건설을 시작했다. 2018년에는 운용이 개시될 예정이다. 러시아에 의한 우크라이나의 크림 반도 합병으로 시작된 우크라이나 위기에 맞서기 위해 NATO는 폴란드와 발트국가에 새로운 억지력을 준비하고 있다.

이들의 움직임에 러시아는 거세게 반발하기 시작했다. 반 러시아적인 군사 시설이 옛 공산 국가에 설치되면서 러시아 포위망이 점점 강화되고 있기 때문이다. 게다가 러시아는 미국이 러시아와의 약속을 어기고 MD 기지를 건설한 데도 크게 분노했다.

그리고 MD 시스템 이외에도, NATO나 NATO 주요국들에 의한 러시아 인근에서의 군사 훈련이 빈번하게 대규모로 실시된 것이 러시아의 반 NATO 감정을 자극했다. 2016년 5월만 해도 상당수의 군사 훈련이 실시되었다.

옛 소련 구성국에서 러시아의 이웃인 에스토니아(NATO 회원국)에서는 2016년 5월 2일부터 20일까지 1,500명의 NATO 군인을 포함, 6,000명의 군사 훈련이 실시되었다. 5월 11일부터 26일까지는 역시 옛 소련 구성국 중 러시아와 안 좋은 관계에 있는 조지아가 영·미 군이 참여하는 최대 규모의 군사 훈련을 자국 내에서 실시했다. 미군 약 650명, 영국군 약 150명, 조지어 군 약 500명이 훈련에 참가했고 미군의 주력 전차도 참여했다. 러시아 외무성은 이런 훈련을 NATO군에 의한 조지아 국토의 착취이고 남코카서스 지역의 정세를 불안정하게 만드는 도발이라고 비판했다.

그리고 NATO는 5월 말 러시아를 억제하기 위해서라고 하면서 NATO 동맹국에서 4,000명, 동유럽 13개국에서 1만 명이 참가하는 대규모 군사훈련을 동유럽으로 시작했다. 그리고 6월 6일부터 폴란드에서 폴란드와 미국을 비롯한 24개국이 참가한 군사 훈련이 시작되고 17일까지 계속되었다. 전체 참가자가 약 3만 1,000명에 달했고 군용기와 헬기 총 105대, 군함 12척이 투입되었고 폴란드 역사상 최대 규모의 군사 훈련이 되었다. 그리고 이 훈련에는 NATO 동맹국뿐만이 아니라, 러시아와 첨예하게 갈등 관계에 있는 옛 소련의 조지아와 우크라이나도 참여했다.

한편, 2016년 5월 13일 버락 오바마 미국 대통령은 워싱턴 DC에서 북유럽 5개국 정상들과 회담하고 러시아 억제 정책을 강화하기로 의견을 모았다. 북유럽은 러시아에 접해 있으며, 우크라이나 위기 이후 러시아가 발트해와 북유럽 일대에서 도발적 행위를 반복하고 있어서 이러한 합의가 이루어진 것은 자연스러운 흐름이다. 그러나 이런 흐름이, 미국에서 트럼프 대통령의 취임으로 큰 변화를 보일 수도 있어 앞으로의 귀추가 주목된다.

(3) 중국의 경우

미국의 MD에 대해 가장 민감하게 반응을 보이는 국가는 중국이다. 2004년에 미국 국방부는 중국이 약 20개의 대륙간 탄도미사일로 미국본토를 겨냥할 수 있다고 평가했다. 그러므로 현재 중국이 적어도 약 20여 개의 대륙간 탄도미사일을 보유하고 있다는 점에서 미국의 MD는 중국의 이와 같은 화력을 단번에 무력화시킬 수 있는 방어체제가 된다. 동시에 미국의 군사적 주도권이 더욱 강화될 것이 분명하고 이는 궁극적으로 미국, 중국, 러시아 간에 유지됐던 전략핵 균형이 파괴될 수밖에 없다는 것을 뜻한다.

동북아에서는 대만과 일본이 미국의 MD에 적극 동조할 것이 분명한 바, 이는 동북아에서 일본의 군사력 강화 요인이 되는 것은 물론 대만과 미국 간의 군사협력관계가 더욱 강화됨을 의미한다. 이런 상황의 전개는 중국과 미일 간의 관계를 악화시킬 것이며, 하나의 중국을 견지하고 있는 중국의 대만 흡수를 불가능하게 할 일이다. 이를 보다 구체적으로 살펴보면 다음과 같다.

우선, 미국은 MD 체제 추진의 주된 목적이 북한을 비롯한 '불량국가'의 핵과 미사일 위협으로부터 미국 본토와 해외주둔 미군기지를 보호하려는 데 있다고 주장하고 있음은 살펴본 바와 같다. 그러나 중국은 미국의 이런 주장을 정치-군사적 음모로 간주하고 있다. 정치-군사적 음모 주장과 관련하여, MD는 미국에 대한 여타 국가들의 정치, 군사적 도전을 사전에 차단하려는데 주목적이 있다는 것이다. 특히 미국이 MD에 동맹국을 참가시킴으로써 미국 주도의 세계 군사질서를 확고히 하려는 것으로 간주한다. 또한 미국이 앞선 기술로 미사일 요격시스템을 갖추게 될 경우 유럽의 핵무기 보유국가들도 확실히 견제할 수 있다는 것이다.

한편, 중국 자신의 문제와 관련하여, 미국의 MD는 자신들이 가지고 있는 제한적인 전략핵 전력을 무력화시키고자 하는 것으로 간주하고 있다. 미국이 일차적으로 알래스카 지역에 약 100기 정도의 탄도탄요격미사일을 배치하려는 계획을 가지고 있다는 사실은 중국의 이런 우려를 증폭시켰다.[84] 그 후 미국은 서부 알래스카에 실제로 탄도탄요격미사일을 26기 배치했다.

그리고 2013년 3월 15일 미국의 헤이글 국방장관은 "북한의 장거리 미사일 기술이 크게 발전했고 미국 본토를 위협하고 있다"라고 지적하면서 "북한의 탄도미사일 위협에 대비하기 위해 서부알래스카에 미사일 방어용 요격미사일을 추가로 14기 배치하겠다"고 밝혔다. 요격 미사일은 2017년까지 추가 배치될 예정이다. 미국의 탄도미사일 요격미사일은 2013년 3월 현재 전술한 바와 같이 서부 알래스카에 26기, 캘리포니아에 4기 등 총 30기가 배치되고 있다. 앞으로 요격미사일 시스템이 알래스카에 추가적으로 배치될 전망이다.

또한 대만과의 관계에서도 중국은 미국의 계획이 불순한 의도를 포함하고 있다고 본다. 대만을 미국의 안보우산에 편입시킴으로써 중국의 대만 흡수를 견제하고자 하는 것으로 간주한 것이다. 실제, 중국과 대만 간 접경 지역에 대만이 MD를 장착한 이지스 구축함을 배치하게 되면 중국의 대만 통일은 불가능할 수도 있다는 판단을 중국이 할 수 있다. 중국의 이와 같은 판단은 2001년 3월 첸지첸 중국 외교담당 부총리가 미국을 방문하여 부시행정부에 대해

---

84) 신상진, "MD와 중국의 대응." 『정세와 정책』(성남: 세종연구소, 2001) 참조.

대만에 대한 미국의 첨단무기 판매 반대입장을 전달한 데서도 확인된다. 중국의 2000년 국방백서는 미 의회에서 대만안전강화법이 통과되는 등 대만해협 정세가 불안정해지고 있다면서 "대만이 MD에 참가할 경우 중국은 좌시하지 않을 것임"을 재천명하고 있다. 실제로 대만은 이미 PAC-2를 도입한 바 있고, 중국은 대만이 이를 최신 PAC-3로 증강하는 것에 강력히 반대하고 있다.[85]

특히, 국제사회의 관점이 MD 구상 자체가 잠재적 패권국가로 등장하고 있는 중국을 겨냥한 미국의 세계전략 가운데 일부라는 점에 모이면서 중국은 적극 반대 입장을 표명하고 있다. 미국이 중국의 급속한 경제팽창력을 저지시키기 위해 의도적으로 미국과의 군비경쟁에 끌어들이려는 속셈이라는 것이다.[86] 냉전기 미국이 소련을 군비경쟁에 끌어들이게 한 것도 바로 이와 같은 맥락에서 이해할 수 있다는 점에서 이와 같은 주장들이 전혀 근거가 없다고 할 수 없다.

미국의 MD 구상에 대한 중국의 이런 인식과 입장을 바탕으로 하여 중국의 대응방식을 보면, 중국은 러시아와 공동으로 미국의 미사일방어체계의 문제점을 지적하고 이를 반대하는 국제여론 조성에 노력하고 있다. 중국은 '신안보 개념'을 채택하여 러시아와 함

---

85) "Asia-Pacific Fears Arms Race from Bush Policies Toward China," *International Herald Tribune*, Jan. 5. 2000.

86) 이철기, "부시와 MD: 동북아 군비경쟁 부르고 한반도 통일 늦춘다," 『월간 신동아』 (서울: 동아일보사, 2001. 6), p. 213.

께 다자간 회의 및 군사적 위협, 강제, 군사적 개입을 통한 내정간섭 배격을 국제안보의 바탕으로 강조하고 있다. 중국은 이와 관련하여, 미국이 NATO나 일본 등과 군사동맹을 강화하는 조치에 대해 냉전 시대의 유물로써 세계평화를 위협하는 것이라고 비난하며, 러시아와 공조하여 UN이 미국의 MD를 반대한다는 결정을 하도록 로비를 강화하고 있다. 중국은 자국의 미사일 개발 기술을 타국에 이전 또는 그런 조짐을 암시함으로써 미국의 MD의도를 무력화시키고자 한다. 또한 중국은 대만 해역을 포함하여 중국의 이해관계가 있는 주변 지역에 미국의 영향력을 차단하기 위하여 군사력을 강화하고 있다. 그동안 낮은 수준을 유지해 오던 중국 해군은 기술 수준의 강화에 주력하고 있다. 한편, 중국은 반미 국가들에 대한 미사일 장비와 작동기술 등의 판매를 통해 미국에 대응하고 있다.[87]

한편, 2004년 4월 대만군 당국은 중국의 미사일 위협에 대비한다는 명분으로 미사일 사령부를 창설했다. 대만군 80년 사상 최대의 군제 개편으로 신설된 미사일 사령부는 육·해·공 3군과 같은 서열의 제4군종으로 국방부 참모 본부가 직접 관할한다. 중국의 전략 미사일 부대인 제2포병과 비슷한 성격을 갖고 있다.

대만 미사일 사령부는 패트리엇-2(PAC2), 톈궁(天弓), 호크, 나이키 등 약 20종의 육군 방공 미사일 부대와 슝펑(雄風)-1·2등 해

---

87) Robert A. Manning, "China: The Forgotten Nuclear Power," *Foreign Affairs*, Vol. 79, No.4, July/August 2000.

군 지대함 미사일 부대까지 편입시켰다. 대만의 미사일 사령부 창설은 중국-대만 간 군사 충돌 발생 시 중국에서 날아오는 미사일 방어는 물론 싼샤(三峽) 댐 등 본토의 전략 목표를 선제공격하는 임무까지 띠고 있다.

미국이 대만의 미사일 사령부 창설을 배후에서 지원했다고 중국이 보고 있다. 중국은 대만 해협에 약 500대에 달하는 단거리 미사일을 배치했으며 2004년 4월 중국 외무성은 논평을 통해 "미국이 대만에 무기를 매각하는 일에 단호히 반대한다"라는 뜻을 거듭 강조했다. 그러나 미국과 대만은 2008년에 PAC3을 대만으로 배치하기로 결정했다.

그 결정에 따라 2016년 7월 초 대만이 미국에서 미사일 요격시스템의 개량형 패트리엇(이하, PAC3) 발사 시험을 실시했다. 이 시험 발사는 미국 뉴멕시코 주의 발사장에서 시행되었다. 대만이 아니라 미국에서 발사시험이 이뤄진 것은 대만의 입지가 좁은 것도 있지만, 그것보다 중국의 정보 탐지 활동을 막는다는 목적이 컸다고 전해진다. 이러한 미국과 대만의 움직임에 중국은 강력히 반발하고 있다.

그리고 중국의 대미 대응방식은 북한의 미사일 발사를 억제하는 데서도 찾을 수 있다. 즉, 중국은 북한이 장거리 미사일을 발사함으로써 미국과 일본에게 MD 구축의 명분을 제공한 것으로 보고, 북한이 장거리 미사일 발사를 유예하도록 직간접적 영향력을 행사해 오고 있다. 최근 북한의 빈번한 미사일 발사 사건에 중국이 적극

나서고 있는 것도 이런 맥락에서 이해된다. 즉, 북한의 미사일 발사 사건 자체가 중국이나 주변국에 위협이 된다는 판단으로 중국이 북핵문제에 개입하는 것이 아니다. 북한의 미사일 사건 유발은 미국이나 한국, 일본에게 MD 구축의 확실한 명분만을 제공한다고 보기 때문이다.

중국은 장기적으로 핵전력을 증강하여 미국의 MD 체제에 대한 대응력을 제고하고자 할 것이다. 우선 중국은 대만을 겨냥하는 미사일 기지를 강화할 것이고, 미국 본토를 공격할 수 있는 대륙간 탄도미사일 수를 대폭 늘리고 핵탄두 소형화와 다탄두화 및 장거리 미사일의 정확도를 제고하기 위한 군사현대화 노력을 배가할 것이다. 그리고 중국은 핵선제 공격을 하지 않는 정책을 재검토할 가능성도 있다.[88]

(4) 일본의 경우

일본은 미국의 MD를 적극 환영하고 있는 입장이다. 일본이 중국 및 러시아 등과 입장이 판이하게 다를 수밖에 없는 것은 미일 군사동맹 때문이다. 일본이 동북아에서 군사대국화를 지향하고 중국 및 북한을 견제할 수 있는 동력은 전적으로 미국과의 군사안보적 동맹관계가 뒷받침되고 있다는 사실이다. 또한 단기적으로는 북한

---

88) 신상진, 앞의 글에서 재인용.

의 중장거리 탄도미사일 위협으로부터 자국을 보호하는 최적한 수단으로 간주하고 있다. 장기적으로는 중국의 군사대국화가 동북아 패권추구로 이어지는 것을 방지할 수 있다는 것이다. 거시적으로 보면, 일본의 MD에 대한 인식은 냉전 종식 이후 일본의 신안보전략과 이해관계가 잘 맞아떨어지는 부분이기도 하다. 이를 구체적으로 살펴보면 다음과 같다.

우선, 일본은 냉전 종식 이후 역내 불안정한 안보환경에 대처하기 위해 새로운 안보전략을 추진하지 않을 수 없게 되었다. 일본의 이와 같은 안보전략은 기존의 소극적인 자세에서 탈피하여 자신들의 경제력에 걸 맞는 안보 역할을 찾아야 한다는 인식에서 출발한다. 이는 결국 미일 군사동맹의 강화로 이어지게 되었다.

9·11 테러사태 이후 일본의 대외적 군사활동이 눈에 띄게 증가하고 있는 것은 일본의 새로운 안보전략 차원에서 이해될 수 있을 것이다. 특히 자위대의 해외 파병은 눈여겨볼 대목인데, 2001년 11월 미국이 주도하는 아프가니스탄 전쟁을 후방에서 지원하기 위해 태평양 전쟁 이후 처음으로 해외전투지역에 병력을 파견했다.[89]

일본 정부는 이후, 전쟁 상황에 대비한 '유사법제'를 제정했고 2014년 7월 그동안 일본국헌법에 위배된다고 해서 수용을 거부해 온 '집단적 자위권'을 각의 결정했다. 이어서 2015년 5월에는 집단적 자위권 행사를 포함하고 '유사법제'를 업그레이드 시킨 '평화안

---

89) 『연합뉴스』, 2001. 11. 25.

전 법제'를 각의 결정했고 같은 해 9월에는 그 법안을 국회통과 시켰다. 그 과정에서 격렬한 반대시위가 일본 곳곳에서 일어났고 '평화안전 법제'가 헌법 위반이라는 지적이 일본 내에서 헌법학자들을 중심으로 제기되었다. 그러나 일본 정부는 강행체결 방식으로 법안을 날치기 통과시켰다.

'평화안전법제' 통과로 일본에서는 일정 조건에 부합하면 집단적 자위권 행사가 가능해졌고, 타국 군의 후방 지원, 국제적인 평화협력 활동에서의 역할을 확대할 수 있게 되었다. 소해정(掃海艇)을 파견한 1991년 걸프전 이후 해외 활동이 점차 늘어나는 추세에 있는 자위대는 그 임무가 더욱 확대된 것이다.

'평화안전 법제'는 현행법을 개정한 법안 10개와 새 법안 1개로 구성되었다. 현행법 중 '무력공격사태 대처법'은 일본이 타국의 공격을 받은 경우 그것이 일본의 존립에 영향이 있다 등의 요건을 충족시키면 자위대가 무력행사를 할 수 있도록 개선되었다.

한반도 유사시를 염두에 둔 '주변사태법'은 후방지원 대상을 미군 외의 국가에 확대했고 자위대의 활동 범위에서도 제약을 없앴다. 그리고 지원 대상으로 동맹국에 대한 탄약 제공이나, 발진 준비 중인 전투기에 대한 급유도 가능해졌다.

그리고 'UN 평화유지활동(PKO) 협력법'도 개정되었고 UN 외의 단체가 실시하는 평화협력활동에도 참여할 수 있도록 했다. 자위대 대원들의 무기사용권한을 확대했고 치안유지업무도 가능하도록 했다.

새로 만들어진 '국제평화지원법'은 일본의 안전에 직접 영향이 없는 경우에도 아프간 전쟁 때 자위대가 인도양에서 다국적군에 주유를 했듯이 자위대가 수시로 동맹국의 후방지원을 할 수 있게 했다. 다만 국회의 사전승인이 예외 없이 필요하다는 점을 명기했다. 그리고 적의 무장 세력이 외딴 섬에 상륙하거나 외국 군함이 영해에 침입한 경우에 자위대에 의한 '치안 출동'이나 '해상경비행동'을 전화회의에서 발령할 수 있도록 했다.

대내외적으로는 이 '평화안전 법제'를 '전쟁준비 법률'이라는 비판적 평가가 있다. 결국, 일본의 이와 같은 신안보전략의 주요 내용들은 미일동맹의 강화와 대외적인 군사적 역할의 확대로 압축된다. 이와 같은 일본의 신안보전략 추진 과정에서 미국의 MD는 미일 동맹을 강화하는 주요 메커니즘이자 일본의 대외적인 힘의 투사능력을 확대하는 중요한 수단이 된다는 것이다.

일본이 미국의 MD 계획에 참여하게 된 것은 레이건 행정부 시기까지 거슬러 올라간다. 레이건은 SDI를 발표한 후 일본에 기술협력을 제의했으며, 일본은 이를 수용하여 1988년부터 미국과 공동으로 탄도미사일 연구를 했다. 미국은 1994년 들어 일본에 대해 북한의 노동 1호 미사일, 중국의 미사일에 대응할 수 있는 TMD 체계 구축방안을 제시했다. 그러나 당시 일본은 미국의 이런 제안에 대해 유보 입장을 보였다. 일본이 유보입장을 보인 것은 TMD에 대한 확신이 서지 않았던 것과 TMD 참여가 주변국들과의 외교적 분쟁을 야기할 수도 있다는 우려에서였다.

일본의 이와 같은 유보적 입장은 1996년과 1998년 발생한 일련의 미사일 사태로 인해 미국의 MD 구상에 적극성을 보이게 하는데 영향을 미쳤다. 즉, 1996년 3월에 중국의 대만해협 미사일 발사훈련과 1998년 8월 북한 김정일 총비서의 취임에 즈음한 북한의 미사일 발사사건이 그것이다. 특히 북한의 미사일 시험발사체가 일본 근처의 공해상에 떨어졌다는 것은 일본에게 MD 참여에 보다 적극성을 갖게 했다. 일본은 2001년 부시 행정부가 발표한 기존의 NMD와 TMD를 통합한 새로운 MD 체제를 구축하겠다는 계획에 동참하겠다는 의사를 표명했다.

이후 일본은 2003년 12월 19일 북한의 중거리 탄도미사일에 대처하기 위해 미국이 실전 배치하고 있는 TMD 체계 일부를 2004년부터 도입하기로 했다.[90] 또한 일본은 미국과 공동 개발을 추진 중인 MD와 관련된 차세대 요격 미사일 실용화에 대비하여 관련 부품의 대미 수출이 가능하도록 무기수출 개정을 추진하기로 했다. 이처럼 일본은 초기 MD 참여에 대한 유보적 입장에서 적극적인 입장으로 선회하게 되었다. 일본의 이와 같은 태도 변화는 신 안보전략 추진상의 필요성, 중국과 북한의 미사일에 대한 견제 필요성 등이 작용했다.

일본의 MD 참여에 대한 전략적 의미와 그 배경은 위에서 언급한 바와 같이 그리 단순하지는 않다. 우선, 일본이 단순히 북한의

---

90) 『연합뉴스』, 2003. 12. 19.

대포동 미사일 위협이나 중국의 위협 때문에 미국의 MD에 참여하지는 않았을 것이다. 오히려 일본의 MD 참여는 일본의 대내적 요인 즉 국내 보수화 및 우경화 경향과 미일동맹의 성격에서 찾아야 할 것이며, 미국의 압력을 전혀 배제할 수 없다는 측면도 들 수 있을 것이다. 즉, 일본이 미국의 안보 우산을 지속적으로 제공 받기 위해서는 미국의 MD 참여 요구를 거절할 수 있는 입장이 아니라는 것이다. 아울러, 일본의 MD 참여는 단순히 미일동맹 강화를 통한 체제보존의 차원을 넘는 것이라는 분석이다. MD 참여는 '군사적 보통국가화'를 달성하는 하나의 군사대국화 과정으로 보아야 한다는 것이다.

이처럼 일본의 MD 참여는 다소 복합적인 것이다. 특히 일본은 미국의 계획에 동참하는 것이 그렇지 않은 것보다는 여러 가지 측면에서 유리한 결과를 가져올 것으로 계산했을 것이다. 특히 2006년 제1차 아베신조 내각이 탄생한 이후 국내 우경화 여론의 반영, 건전한 미일동맹 유지를 통한 체제수호 안전핀 마련, 중국 및 북한 견제, 동북아의 불안정한 안보환경에서 자국의 안전확보, 역내 영향력 확보 등이 그 배경이 되었다고 보아야 할 것이다.

2012년 12월 일본에서 민주당 정권이 3년 반 만에 자민당으로 교체되어 우파정치인 아베신조가 제2차 아베 내각을 출범시켰고 아베 정권은 2015년 9월 집단적 자위권 행사를 가능하게 만든 '안보법제'를 국회에서 통과시켰고 제한적이기는 하나 미국과 전쟁을 할 수 있는 나라로 일본을 바꿔놓았다. 2017년 3월 현재 일본에는 사드 미사일의 X밴드 레이더가 아오모리와 교토에 설치되어 있다. 아오모리에는 2006년 6월 고이즈미 정권 때 설치되었고 교토에는 2014년 12월 2차 아베 정권 때 설치되었다. X벌드 레이더는 1,000km 이상의 탐지거리를 갖고 있고 날아오는 탄도 미사일의 추적과 요격 미사일의 중간유도 등을 할 수 있는 레이더다.

일본의 사드 시스템 중 하나인 X밴드 레이더 설치는 미사일방어용 지상 레이더로서 미국이 전방전개를 실행에 옮긴 것이다. 사드의 미사일 본체에 대해서는 일본정부는 계획이 없다고 하나 일본 방위성 차원에서 미국의 사드시스템에 대한 시찰을 되풀이하고 있어 한국처럼 갑자기 일본에 사드 미사일이 배차될 가능성을 배제할 수 없다.

(5) 남북한의 경우

남한의 경우 일본과 같이 분명한 의사표시는 하지 않고 있지만, 미국의 MD에 대해 부정적이거나 소극적인 입장을 보일 처지는 아니다. 어찌 보면 상당히 난처한 처지에 있는 경우라고 할 것이다. 한·미동맹을 감안하면 분명히 남한정부도 일본과 같은 위치에 서 있어야만 할 것이다. 그러나 2000년 이후 남북한 관계는 남한 정부에게 미국의 입장을 쉽게 동조할 수 없도록 만들었다. 일종의 입장 표명이나 정책 결정의 딜레마 같은 것이 발생한 것이다. 특히 북한과 관련된 미국의 입장이나 정책에 대해 남한 정부가 쉽게 긍정도 부정도 하지 않는 상황이 계속되었다.

한국 정부의 이 같은 딜레마는 비단 남북한 관계의 특성에서만 비롯되는 것은 아니다. 중국과 러시아가 미국의 MD에 강력히 반대하고 있는 입장도 고려해야 하기 때문이었다. 전통적인 우방으로써 미국과의 관계도 중요하지만 한국에게 있어서 인접국인 중국과 러시아와의 관계도 점차 그 중요성이 더 해가고 있다. 2001년 남한의 이와 같은 딜레마는 현실로 나타났는데, 한러공동성명에서 ABM이 준수되는 것이 바람직하다는 한국의 입장 표명은 즉각 미국의 항의를 초래한 바 있었기 때문이다. 이후 남한은 한·미정상회담을 통해 한러 공동성명 당시 MD 반대 입장을 철회하고 다시 미국의 MD를 반대하지 않는다는 입장을 표명해야 했다. 실제 2001년 3월 7일 이정빈 외교통상부 장관(당시)은 한러 정상회담으로 한국이 미국의 MD에 반대하는 것으로 비친 것에 대해서 사과를 표명했다.

역대 남한정권은 MD로 인해 새로운 대립구도가 생성되는 것을 결코 원치 않았다. 이는 한반도 문제 해결에 있어서 결코 긍정적인 환경이라고는 볼 수 없기 때문이다.[91] 그러나 남한은 PAC-3와 이지스함 도입을 추진함으로써 사실상 미국의 MD를 부분적으로 수용-추진했고 2016년 7월 8일 한반도 유사시를 고려하고 고고도미사일방어시스템 사드(THAAD)를 남한의 주한 미군에 배치하기로 했다고 발표했다.

---

91) 이삼성 외, 『한반도의 선택: 부시의 MD 구상, 무엇을 노리나』(서울: 삼인, 2001), pp. 245-247.

이에 중국과 러시아는 격렬히 비난했다. 그러나 남한 국방부는 7월 13일 배치할 곳을 경북 성주군에 결정했다고 밝혔다. 이에 성주군의 주민들이 강력한 반대운동을 전개하기 시작했다. 2016년 8월 13일에 실시된 한국 갤럽 여론 조사에서는 사드의 한국배치에 대해서는 찬성 56%, 반대 31%로 찬성의견이 다수를 차지했다. 2017년 3월 13일 KBS와 연합뉴스가 공동으로 벌인 여론조사를 보면 사드배치에 찬성한다는 응답이 51.8%, 반대한다는 응답이 34.7%로 찬성 여론이 여전히 과반수이지만 8개월 전에 비해 찬성의견이 약 4% 내려갔고 반대의견이 반대로 약 4% 올라갔다.

한편 5단계의 설문으로 질문한 여론조사 기관 두잇서베이에 의한 결과로는 사드 배치에 대해 '잘 모르겠다'가 가장 많았고 35.6%였고 '찬성한다'가 32.8%, '반대한다'가 31.6%로 모두 오차범위 내에서 거의 같은 결과가 나왔다.[92] 그러므로 사드배치에 대한 찬반의견 중 모른다는 의견이 상대적으로 많다는 것을 알 수 있다.

그런데 사드 배치 결정 이후, 중국에서는 한국에서 수입 규제 조치 및 비관세 장벽·한류 배제 등의 노골적인 무역 보복 조치가 잇따랐다. 2017년 2월 28일 롯데 그룹이 한국 정부와 사드배치 용지를 국유지와 교환하는 계약을 체결했기 때문 중국에서는 검역 당국의 롯데 제과 폐기 처분이나 롯데마트 폐점 조치, 중국인에 의한 롯데 상품 불매 운동 등이 일어나기도 했다. 이어 3월 7일 미국에서

---

92) http://doooit.tistory.com/296

사드 장비의 일부가 한국에 도착해 실질적인 배치가 시작되었다. 이에 따라 중국에 의한 사드 보복이 과열화되었다.

북한의 경우 미국의 MD에 대해 강력히 반대하는 것은 재론의 여지가 없다. 북한의 MD에 대한 인식은 전적으로 미국이 자신들을 겨냥한 것으로 간주하고 있다. 무엇보다도 부시 행정부의 북한 지도층에 대한 불신과 대북 강경정책 그리고 럼스펠드 보고서 등이 전적으로 북한 지도층을 겨냥하여 작성된 것으로 보고 있기 때문이다. 앞서 언급한 바와 같이 럼스펠드 보고서는 북한은 5년 이내에 미국 본토에 이를 수 있는 대륙간탄도미사일 개발이 가능하고, 10년 후에는 실전배치가 가능하다고 분석[93]한데서도 북한은 미국의 MD가 자신을 염두에 둔 계획으로 간주했을 것으로 보인다.

5) MD와 국제관계

미국 행정부의 MD는 미국의 일부 우방을 제외하고는 대부분의 우방들에게 조차도 부담스러운 존재라는 것은 살펴본 바와 같다. 미국 행정부의 MD 추진은 현 시기의 국제관계에 어떠한 형태로든지 영향을 미칠 것으로 분석된다. 일단은 기존의 강대국들 사이에 유지되어 오던 탈냉전기 전략적 균형이 흐트러질 가능성이 크다. 사실, MD가 방어를 주로 하는 시스템이라고는 하지만 미사일 방어

---

93) Donald Rumsfeld, "Strategic Imperatives in East Asia," The Fourth Annual B.C Lee Lecture of Heritage Foundation, March 3, 1998.

시스템의 특성상 방어기술은 곧 공격기술이라고 볼 수 있다는 점에서이다. 따라서 미국의 MD 추진은 다수의 국가들에게 있어서 자신들의 안보전략을 수정하는 계기를 제공하고 있다.

특히 MD 구축은 핵무기체계와 NPT 레짐에 영향을 미칠 가능성이 크다. 미국의 MD 추진에 대한 유럽의 반응에서도 알 수 있듯이 영국을 포함한 소수의 국가들만이 미국의 MD에 찬동하고 있으며, 대부분이 부정적인 시각을 갖고 있다. 무엇보다도 MD가 국제사회에 새로운 군비경쟁을 유발할 것으로 보고 있다는 점에서이다.

살펴본 바와 같이 동북아에서도 중국과 러시아의 인식은 매우 부정적이다. 미국의 MD는 냉전기와 마찬가지로 미국과 러시아 간의 군비경쟁뿐만이 아니라 중국, 일본까지도 군비경쟁 대열에 합류하게 했다는 점에서 동북아지역 안보불안정이 예상되고 있다. 특히, 미국의 MD에 적극적인 입장을 보이는 일본의 군사력 강화가 예상되는 상황에서 동북아 4강 상호 간의 군비경쟁은 불가피할 것이다.

더욱 큰 문제는 동아시아에서 일어날 핵도미노 현상에 관한 것이다. 미국의 MD완성은 기존에 유지되어 오던 동아시아의 미사일과 핵안정성을 파괴할 것이 분명하고, 이는 결과적으로 중국을 비롯한 북한에게 MD에 대응하는 군사안보 정책을 강구하게 만들 것이다. 게다가 미국과 일본에 대항하기 위해 중국 및 러시아를 중심으로 한 여러 동아시아 국가들 간 새로운 세력 결집도 예상해 볼 수 있다. 중국이 중심이 되어 1996년에 창설된 상하이협력기구는 최근 미일동맹에 대응하기 위한 새로운 협력레짐으로 부상하고 있다는 점도 이와 같은 우려를 증폭시키고 있다. 만약, 이런 가능성이 현실화된다면 동북아는 새로운 냉전의 시대를 맞게 될 것이다. 실제, MD로 인해 힘의 열세를 우려하고 있는 중-러-북한 간에는 어느 정도 냉전 시기의 북방삼각관계가 복원되어야 할 필요성을 공유하고 있는 것도 사실이다.

이상에서 살펴본 바와 같이, 미국의 MD는 그것이 완성됨으로써 개별 국가들에게 미치는 영향이 다양하다는 것을 알 수 있다. MD가 어떤 점에서는 미국이 주장하듯 새로운 시기의 적절한 안보대응 방식으로서의 설명력도 갖고 있다. 그러나 MD의 본질적인 문제는 미국 자신들만의 세계 전략적 구상의 일환이라는 점이다. 이런 점에서 대부분의 국가들은 미국의 구상을 반대하고 있다. 또한 새로운 군비경쟁의 원인을 제공할 것이라는 점이다.

MD 완성 이후 강대국 간 힘의 균형이 붕괴될 가능성이 크며, 힘의 열세를 만회하기 위한 강대국들 간 군비경쟁은 불 보듯이 훤하다. 결국, 미국의 MD는 현시기의 국제정치에서 국제정세의 안정 요인이라기보다는 불안정성을 제공하는 요인으로 볼 수밖에 없다.